上野貴史

イタリア語
やさしく、あなたに...

白水社

装丁：森デザイン室

本文イラスト：福島玲子

本文レイアウト：磯辺加代子

カヴァーモデル：Clara CUBETA

はじめに

　僕が学生だった頃（たった20年前）なんかは、「イタリア語を勉強するぞ！」と思い立って大きな本屋さんへ行っても、イタリア語の学習書なんてほんの数種類しかなかったもんです。でも、今はどうですか？　ほら、目の前に色んなタイトルのイタリア語の本がイッパイ！　時代も変わったもんですね…
　そんな中でこの本を手にしているあなた!!　なんかのエンですね～。この本は、「イタリア語を勉強してみたい」っていうあなたを満足させるべく今本屋さんに並んでいるのですから。

　簡単に言うと、この本はイタリア語の超初級本です。でも、そんじょそこらの初級本とは、ひと味もふた味も違うんですよ。どこが違うのかって？　それは、チャンと座っておベンキョウしなくっても、読み進めていけば、楽しみながらイタリア語のエッセンスが身についていくってとこです。
　どうやって？　それは、この本をジックリ読んでくれれば分かると思うんですが、この本の一番の目玉はなにか？ということだけ少しお話ししておきましょう。

　イタリア語も日本語や英語なんかと同じ言語の一つです。このことをこの本は常に意識しています。私たちは少なくとも日本語を自然と身につけていますね。英語だって、多くの時間を費やして学んできましたよね。こんな日本語や英語の知識を参考にしながら、イタリア語を理解していってもらえるようにこの本はやさしく皆さんに話しかけています。「イタリア語はあまりなじみのない言語なんだけど、言語は言語でしょ」、っていうスタンスなんです。
　こんなカタチでこの本は、やさしくあなたに話しかけていきますので、次のような方々にピッタリかなって思ってます。それは…

- イタリアって国に興味をお持ちの方
- 今までまったくイタリア語をおベンキョウしたことのない方
- 以前、少しイタリア語をやってみたけれども、どうもシックリと身につかないな～と悩んでおられる方
- 通勤、通学帰りの電車でお気楽にイタリア語をなんとかしたい！って思っている方
- 文法事項の羅列じゃなく、やさしくわかりやすく話しかけてもらいたい方
- 同じ言葉なのに、どうしてイタリア語はこんなに日本語と違うんだ！と疑問をお持ちの方
- どこかで僕にイタリア語を習って、懐かしく思われた方…

　本書でイタリア語学習のおもしろさ・楽しさを堪能していただけることを願ってやみません。

　3歳になる娘（遥夏）と、和歌山の片田舎にて

著者

目次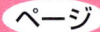

第1章	アルファベート		
	イタリア語のアルファベートは21文字？	06	
第2章	母音		
	母音で終わる、イタリア語	010	
第3章	子音		
	ローマ字つづりとイタリア語	014	
第4章	男性名詞と女性名詞		
	「太陽」は男性・「月」は女性	020	
第5章	人称		
	二人称が二つとは？	024	
第6章	挨拶		
	これも相手によって言い方が変わる	028	
第7章	複数形		
	複数は…何も加えない、変えるだけ	032	
第8章	不定冠詞		
	冠詞って？	036	
第9章	-are 動詞		
	♪Volare♪は誰が「飛ぶ」の？	040	
第10章	基数形容詞		
	uno, due, tre... 数字のおベンキョウ	044	
第11章	定冠詞		
	不定冠詞よりチョット複雑	049	
第12章	essere		
	動詞の活用と人称	054	
第13章	stare		
	イタリア語って主語はいらないの？	058	
第14章	形容詞		
	後ろから飾りましょう	062	
第15章	形容詞の一致		
	イチイチ一致	066	

第16章	補語	
	マタマタ一致？	071
第17章	疑問文・否定文	
	疑問は "?"、否定は "non"	075
第18章	-ere 動詞・-ire 動詞	
	-are 動詞とちょっとだけ違う	081
第19章	序数形容詞	
	一皿目、二皿目…	086
第20章	avere	
	年は持つ？	092
第21章	前置詞	
	前置詞って？	096
第22章	冠詞前置詞	
	スパゲッティは al dente	102
第23章	時間の表現	
	時間を大切に	106
第24章	fare	
	とても便利だ！	110
第25章	語形成	
	新しい単語のでき方	114
第26章	所有形容詞	
	これはそれほど『甘～く』ない	122
第27章	andare と venire	
	行くのか来るのか	127
第28章	語順	
	後になるほど大事なのです	131
第29章	不規則変化動詞	
	これくらい知っておけば安心	134

La rubrica di italiano（コラム）

①	イタリア語の姉妹！	018
②	イタリア語は方言だらけ！	052
③	月の呼び方は月並みでは…	090

1 アルファベット

「イタリア語のアルファベートは21文字？」

アルファベットは、イタリア語でアルファベート（alfabeto）って言います。英語のアルファベットは、a〜zまでの26文字ですが、イタリア語は、j / k / w / x / yの5つの文字をふつう使いませんから21文字が基本となります…

でも、**Kojima**さんに**Yawara**ちゃん、それに皆さん！ ローマ字で名前を書くと、j / k / w / y なんかが入ってませんか!?

1. アルファベート

イタリア語のアルファベート。やっぱり、英語と同じく 26 文字ぜんぶ知っておく方が無難ですね。日本人の名前以外にも、英単語をそのままイタリア語で使ったりもしますから。

というわけで、大きな声で読んでみましょう！

小文字	大文字	読み方
a	A	ア a
b	B	ビ bi
c	C	チ ci
d	D	ディ di
e	E	エ e
f	F	エッフェ effe
g	G	ジ gi
h	H	アッカ acca
i	I	イ i
j	J	イ ルンゴ i lungo
k	K	カッパ cappa
l	L	エッレ elle
m	M	エンメ emme
n	N	エンネ enne
o	O	オ o
p	P	ピ pi
q	Q	ク qu
r	R	エッレ erre
s	S	エッセ esse
t	T	ティ ti
u	U	ウ u
v	V	ヴ vu
w	W	ドッピィア ヴ doppia vu
x	X	イクス ics
y	Y	イプシロン　イ グレーコ ipsilon（i greco）
z	Z	ゼータ zeta

「変なの！」

とか思ったでしょ。英語に似ているのもあれば、ちょっと違うのもあるし、全然違うのもある…。

ということで、少し頭に残るように工夫してみましょう。

a/e/i/o/u（ア/エ/イ/オ/ウ）：日本語の「ア」「エ」「イ」「オ」「ウ」と同じ読みですね。

b/c/d/g/p/q/t/v/x（ビ/チ/ディ/ジ/ピ/ク/ティ/ヴ/イクス）：c/q/v/xの読みを少し注意しておけば、あとは英語とほとんどイッショです。

f/l/m/n/r/s/z（エッフェ/エッレ/エンメ/エンネ/エッレ/エッセ/ゼータ）：英語の読みに少し音をプラスすればイタリア語になりますね。英語のfの[エ]の後に[ッ]、[フ]の後に[ェ]を加えてf（エッフェ）っていうカンジです。

lとr。日本語で書けばどちらも[エッレ]ですが、実際は全く違う音です。l（エッレ）は、[エッ]と言った後に、舌の上面を上の歯茎に当てて、舌の両側から息を出して[レ]と発音します。r（エッレ）は、[エッ]の後に、舌先を日本語の[レ]と同じような位置において[レレレ]と震わせるように言います。

h（アッカ）：これは覚えてください。

j（イルンゴ）と**w**（ドッピアヴ）：「なんで？」ですよね。説明しましょう。j（i lungo）は、"lungo「長い」i「イ（アルファベットのi）」"という意味です。アルファベットのiとjをよく見くらべてください。jはiを下にダラーッとのばしたような形でしょ。

w（doppia v）も、"doppia「二重の」v「ヴ（アルファベットのv）」"という意味があります。wをちょうど左右に真ん中で区切るとvが二つになるでしょ。こんなふうに、j（イルンゴ）とw（ドッピアヴ）には読み方に意味があるんです。

k（カッパ）と**y**（イプスィロン）：これらは、ギリシャ語のアルファベットの読み方をそのままイタリア語で採用しているのですが…あきらめて素直に覚えてもらった方がいいですね。

⇒ **アルファベットは２６文字覚えましょう**

2. "はるか"ってどう書くの？

「でも、アルファベットなんて、実際に会話で使うときがあるのかしら？」
と、首をかしげる方もおられるでしょう。

確かに、四六時中使うということはないかも知れませんが、ホテルの予約を電話でするときなんかには必要となる場合がありますよ。イタリア人には日本人の名前をどうつづるかが分からないことが多いですからね。そんなとき、自分の名前のつづりを説明するのにアルファベートを知らないと、目の前で文字を書かない限り相手には伝わりませんよね。

　一つここで、会話の例。"はるか"さんが電話でホテルの予約をしていると、フロントの人から、
　　Come si scrive "はるか"? 「"はるか"ってどう書くのですか？」
と聞かれました。このようなときには、
　　Si scrive "h-a-r-u-k-a". 「h-a-r-u-kaと書きます」
と、アルファベートを使って答えれば良いのです。h-a…と言っている最中に、「エー」なんてモゴモゴ答えていると、ホテルに到着して、さっき電話で伝えた自分の名前が"haereueka"なんて書かれていたりするかも!?

　最近、日本人サッカー選手がイタリアで活躍していますね。彼らの多くは、トップのプロリーグである Serie A というところに所属しています。テレビのサッカー番組などでは、Serie A を［セリエ エイ］と言ったりしているのを時々耳にしますが、Serie はイタリア語で読んでいるのですから、次の A もイタリア語のアルファベートの読みである［ア］と言ってもらいたいものです。

やってみよう！

自分の名前のつづりをイタリア語のアルファベートで読んでみましょう。
（ちなみに"まつうら あや"さんでやってみます。138ページを見てね！☞）

アルファベート　009

2 母音

「母音で終わる、イタリア語」

　イタリア語の母音は、[ア][エ][イ][オ][ウ]の5つなんです！　ありがたいことに、コレって日本語とイッショ！　それに、イタリア語のほとんどの単語は、母音で終わるんですよ。コレもまた日本語と同じですね。

1. イタリア語の母音は？

　イタリア語の母音は、a / e / i / o / uの5つだと言いましたが、厳密には、eとoにそれぞれ開いたもの（**開口母音**）と、閉じたもの（**閉口母音**）の二種類の音があります…が、神経質になることはありません！　イタリア人の多くはこの区別を気にしませんし、区別しなかったからといって会話に支障をきたすなんていうこともほとんどありませんから。

　◇ **イタリア語の母音：a / e / i / o / u**

　ただ、[i] と [u] の発音には、少し注意が必要です。
　イタリア語の [i] は、日本語の「イ」を言うとき以上に、口の両端を後ろに引くってことを意識してください。歯磨きで前歯を磨くときの「イ～」の口にして、Italia「イタリア」です。

　⇒ [i] は口の両端を後ろに引く！

　日本語の「ウ」はほとんど唇を動かしませんが、イタリア語の [u] は唇を丸めてグッと突き出すようにして Russia「ロシア」と発音します。

　⇒ [u] は唇を丸めて突き出す！

　このことだけを注意しておけば、単独の母音は大丈夫です。

2. 母音が連続すると…

"単独の母音は"なんて言っちゃいました。じゃあ、
「単独でない母音なんてあるの？」
っていうギモンがわいたでしょ。実は、イタリア語には、母音が連続して一つの固まりのように発音する**二重母音**と**三重母音**というのがあるんです。でも、母音が続くからといって、ぜんぜん違う音になるわけではありませんから心配はいりません。連続する母音の一部がちょっと弱くなるだけです。

⇒ **イタリア語には母音が二つ続くものと三つ続くものがある**

二重母音は、アクセントのない i / u と、それ以外の母音との組み合わせになります。このアクセントのない i / u の音を弱く発音するのです。たとえば、-ia- は［イア］ではなく、［イ］と［ヤ］の中間的な音［ｨア］となります。

アクセントのない i ＋ a / e / o / u：Venezia「ヴェネツィア」

アクセントのない u ＋ a / e / i / o：Luigi「ルイジ（君）」

a / e / o ＋ アクセントのない i：Adelaide「アデライデ（ちゃん）」

a / e ＋ アクセントのない u：Laura「ラウラ（ちゃん）」

三重母音は、二つのアクセントのない i / u と、アクセントのある a / e / o が組み合わさってできるものです。これもやはり、アクセントのない i と u は弱く発音します（buoi「牛」）。

3. イタリア語の単語は母音で終わる！

イタリア語の母音の全体像を見渡したところで、
イタリア語の単語が母音で終わる
って話しに進んでいきましょう。

「単語が母音で終わる」のは、日本語とイッショですよね。普段、ひらがなという文字を使っているため、少しピンとこないかもしれませんが、「ん」を除いて、日本語の五十音は、ぜんぶ「ア、イ、ウ、エ、オ」という母音で終わります。五十音がぜんぶ母音で終わ

母音　011

るんだから、単語が母音で終わるのは当たり前ですよね。

　さて、イタリア語の話。市民講座などで、イタリア語初級を教えていたりすると、
「先生、イタリア語ってそんな難しないやんな〜。イタリア語なんかちゃんと勉強したことあれへんけど、（イタリアへ）行ったらいっつも何言てるか分かんで。『ちゃお〜』やろ、『ぐらっちぇ』やろ、『べっにっしも』やろ、…」
なんて得意げに話してくれるオバチャン（いわゆる"大阪のオバチャン"）がいたりします。教える側からすると、教える前からその言葉に親しみを持ってくれているのはうれしい限りです。
　これも「単語が母音で終わる」っていう、日本語とイタリア語に共通した特徴があるおかげだと感謝しているワケなんです。さっき発音のところで練習した、Adelaide ちゃん、Laura ちゃん、Luigi 君、みんな最後は母音で終わっているでしょ！　もちろん、"はるか"（Haruka）ちゃんもですけどね。

⇒ イタリア語の単語は母音で終わる！　コレは日本語と同じ。

4. アクセントはどうなってるの？

　最後にアクセントのお話しをしておきましょう。イタリア語のアクセント母音（他の部分にくらべて強く発音される母音）は、後ろから二番目の母音です（Luigi）。

◇ 基本的なアクセントの位置：後ろから二番目の母音

　基本はこうなんですが、America「アメリカ」のように後ろから三番目の母音にアクセントがあるものや、Perù「ペルー」のようにおしまいの母音にアクセントがくるものもあります。最後の母音にアクセントがある場合は、その母音にアクセント記号（à / é / è / ì / ù / ò）をつけます。
　イタリア語のアクセント母音は、ふつうのときより長めに発音するのがコツです。

　犬や猫などの愛玩動物のことをペットと言いますが、この"ペット"っていう言葉は、英語の〈pet〉をそのまま日本語に取り入れたものです。でも、日本語の"ペット"と英語の〈pet〉は少し発音が違いますよね。英語の〈pet〉の最後は"t"という音で終わっているのに、日本語では［petto］というように、わざわざ最後に［o］をつけて発音しています。どうしても、私たち日本人は最後に母音が来ないと落ち着かないんですね。

イタリア語の発音は、どちらかというと日本語の"ペット"に近いのです。これを聞いて、petto「胸」をなで下ろした方も多くいられるのでは？

やってみよう！

次の単語を読んでみましょう。

- a) **Anna**
- b) **Claudio**
- c) **Maria**
- d) **Francia**
- e) **Cina**
- f) **Spagna**
- g) **Firenze**
- h) **Milano**
- i) **Napoli**

（答えは138ページをごらんなさいませ！☞）

母音　013

3 子音

「ローマ字つづりとイタリア語」

　どうですか？　まだ、アルファベートと母音しかおベンキョウしてませんが、なんとなくイタリア語が読めるようになってきたような気がしませんか？　その気になるってことも、語学の学習にはケッコウ大事なんですよ。
　なんとなく読めるような気になっているのも、イタリア語が"ローマ字読み"でほとんどOKだからなのです。ここでは、もう少しカンペキに読めるように、子音のおベンキョウをしてみましょう。

1. イタリア語の子音は？

　私たちが海外で自分の名前を表記するとき、ヘボン式と呼ばれている<u>ローマ字</u>（ローマ字つづり）を使います。このおかげで、私たちにとってイタリア語は、とても身近な存在となっているのです。
　なぜかって？　それは、イタリアの首都、「ローマ」（の字）っていうくらいだから。<u>ローマ字読み</u>！　これで、イタリア語はほとんど読めちゃうのです。英語やフランス語では、こういうわけにはいきませんよね。

⇒ イタリア語はローマ字読みでOK！

　それじゃあ、ローマ字読みでぜんぶ大丈夫かというと、残念ながらそれ程世の中甘くはない…。でも、ローマ字読みと違うところだけをよく覚えておけばあとはカンタンです！

c

　まず、日本語のカ行（ka「か」/ ki「き」/ ku「く」/ ke「け」/ ko「こ」）。イタリア語では、kの文字をふつう使わないのでしたね（第1章）。イタリア語のカ行の音は、kの代わりにcが担当します。
　「そうか、じゃあ、カ行は ca / ci / cu / ce / co だな」
と思った人！　残念。カ行は、

<u>ca</u>（カ）/ <u>chi</u>（キ）/ <u>cu</u>（ク）/ <u>che</u>（ケ）/ <u>co</u>（コ）

というように、**chi** と **che** に h を入れます。

014　子音

「それじゃあ、ci と ce は？」
っていうことが気になりますね。これは、それぞれ[チ]（Cina「中国」）と[チェ]（Vicenza「ヴィチェンツァ」）という音になります。

g

カ行の濁った音のガ行（ga「が」/ gi「ぎ」/ gu「ぐ」/ ge「げ」/ go「ご」）。イタリア語では、

ga / ghi / gu / ghe / go
ガ　ギ　グ　ゲ　ゴ

というように、カ行と同じく ghi と ghe に h が必要です。gi と ge は、[ジ]（Giappone「日本」）と[ジェ]（Genova「ジェノヴァ」）と発音します。

gn は、舌の先を下の歯に、そして舌の上面を硬口蓋（上の歯の裏から奥にある硬く湾曲した部分）に当てて、鼻から息を出して[ニュ]となります…おカタク説明するとこうですが、猫の「ニャ～」という鳴き声、コレがこの音にとても近い！（Bologna「ボローニャ」）。

gli は、そのまま[グリ]と発音する場合（negligenza「怠慢」）と、舌の先を上の歯茎に当て、舌の上面を硬口蓋に押しつけて[リ]（コレはけっこうムズカシイ）となる場合（Guglielmo「グリエルモ（君）」（英語の〈William〉君））があります。ムズカシイ発音をする[リ]となる方が多く見られます。

子音　015

s

sa「さ」/ shi「し」/ su「す」/ se「せ」/ so「そ」というサ行ですが、イタリア語には shi というつづりはありません。[シ]は sci となります。

sa / sci / su / se / so
(サ / シ / ス / セ / ソ)

ちなみに、si は[スィ]（Siviglia「セビリア」）、または濁って[ズィ]（Tunisia「チュニジア」）と発音します。

何かを尋ねられて、「はい」って答えるときは、Sì〈英語の〈Yes〉〉と言いますが、これも[スィ]です。「シー、シー」と言っていると、sci「スキー」がしたいのかな？なんて思われますよ!?

z

アルファベットでは普通 j を使わないので、ザ行（za「ざ」/ ji「じ」/ zu「ず」/ ze「ぜ」/ zo「ぞ」）の ji はありませんね。[ジ]は gi でした。

za / gi / zu / ze / zo
(ザ / ジ / ズ / ゼ / ゾ)

z は、濁ると日本語のザ行のようになりますが、濁らないで

za / zi / zu / ze / zo
(ツァ / ツィ / ツゥ / ツェ / ツォ)

という発音にも使われます。特に、zi は、意識して発音しないと[チ]の音になってしまいますので注意しましょう。よく日本人が grazie「ありがとう」を[グラッチェ]と言っているのを耳にしますが、これは[グラーツィエ]ですよね。それでは Venezia はどうですか？ [ヴェネチア]？ 違いますね、[ヴェネーツィア]ですよね。この zi[ツィ]をマスターすると、あなたのイタリア語もグッとソレっぽくなりますよ。

q

q は、必ず u が後に続いて[ク]と発音します（squisito「とてもおいしい」）。

f / v

f は英語と同じ、上の歯で下唇を軽くかんで発音する[フ]という音です（Firenze「フィレンツェ」）。v はその濁った[ヴ]になります（Genova / Venezia / Vicenza）。

h

イタリア語の h は、**絶対に読みません**。つまり、イタリア語には、日本語の「ハヒフヘホ」というハ行の音がないことになります。

「なによ〜、ローマ字とかなり違うじゃない！」
って思いました？ でも、そんなことはありませんよ。たったこれだけが違うところで、あとはぜんぶイッショなんだから。間違いを恐れずに、ドンドン声に出して読んでみてくださ

い。

2. 同じ子音が続く

　同じ子音が重なるとき（**二重子音**）は、その直前の母音を短かく発音します。Napoli「ナポリ」は[ナーポリ]ですが、Giappone は[ジィアッポーネ]です。

　r が重なる -rr- は、直前の母音を短くして r を多く発音するようにします。Roma「ローマ」は[ローマ]ですが、Inghilterra「イギリス」は[インギルテッラ]となります。

　-mm- / -nn- は、最初の -m / -n をその前の部分と、そして次の m- / n- をそれより後ろの部分にくっつけて読みます。たとえば、Anna「アンナ（ちゃん）」は An-[アン]と -na[ナ]をくっつけて[アンナ]と発音します。

　q が二重子音となるときは、acqua「水」のように、-qq- とならず -cq- となります。

　これで大体イタリア語が読めるようになったハズです。でも、頭で分かっていても、ヒョイッと出てしまう慣れってどんなときにもありますよね。studente　これを見て、[スチューデント]と言ってしまいそうになりませんか？　そんな難しく読むことはないんですよ。ローマ字読みでシンプルに[ストゥデンテ]です。

　イタリア語を読むときは、しばらく英語を忘れましょうね。

　やってみよう！

次の単語を読んでみましょう。
a) spaghetti　　b) mare　　c) sole
d) sono　　　　e) gatto　　f) acqua
g) Mario　　　　h) Venezia　i) Paolo

（答えは 138 ページをみて頂戴！☞）

子音　017

イタリア語の姉妹！

　"イタリア"って聞くと、「パスタがおいしくって、一流ブランドメーカーがたくさんあって、音楽や美術の宝庫…」なんて、いろんなイメージがわきませんか？　でも、"イタリア語"となるとどうでしょうか？　なかなか出てこないかもしれませんね。今後の学習にも役立つと思いますので、少しだけ"イタリア語"ってどんな言葉かお話ししておきましょう。

　ローマ帝国、ご存じですね？　紀元前後に、アフリカの一部を含めたヨーロッパのほぼ全域を支配したあのローマ帝国です。もちろん、その中心は、ローマ帝国っていうくらいですから**ローマ**ですよね。このローマ帝国で使われていた言葉が**ラテン語**です。

　イタリア語は、このラテン語を直接の子孫としている言語なのです。イタリア語のように、ラテン語をもとにしてできている言語を「**ロマンス語**」と呼んでいます。"ロマンス"なんていうと、恋愛小説を思い出される方も多いでしょうが、ロマンスとはもともと「ローマ風」（イタリア語では romanzo （ロマンツォ））という意味です。格式張ったラテン語で書くのではなく、庶民が使う俗語を使ってローマ風に書くというのが"ロマンス"の語源となっています。

　イタリア語はこのロマンス語の一つなのですが、イタリア語以外のロマンス語には、**フランス語**、**スペイン語**、**ポルトガル語**、**ルーマニア語**などがあります。このフランス語やスペイン語などは、イタリア語とは**姉妹の関係**にあります（言語学では、兄弟ではなく姉妹と言います）。このような姉妹間の言葉どうしは、とてもよく似ています。フランス語やスペイン語を勉強したことがある人にとって、イタリア語は学びやすいのではないでしょうか？　でも、イタリア語とイッショにフランス語やスペイン語を勉強するのはあまりお勧めしません。なぜかって？　それは、どれがフランス語でどれがイタリア語か分からなくなるくらい似ているからです。一度試してみては…。

　それでは、他のヨーロッパの言語である英語やドイツ語などとイタリア語は全く関係ないのか？と言われれば、そうでもありません。ラテン語にしてもギリシア語にしても、ヨ

La rubrica di italiano　1

　ーロッパの多くの言語は、さらにさかのぼれば同じ祖先にたどり着くのです。英語やドイツ語は、イタリア語からすると遠い親戚みたいなものです。だから、似たところもあるし、そうでないところもあります。そりゃ、日本語なんかとくらべものにならないくらい、イタリア語には英語に似たところがたくさんありますよ。単語のつづりなんかもそうだし（〈*pen*〉「ペン」［英語］と penna［イタリア語］、〈*university*〉「大学」［英語］と università［イタリア語］など）、名詞に単数と複数の区別があるでしょ、「主語＋動詞」という文の語順なんかも…、目白押しですね。英語と似ているところは、大いに利用してイタリア語を学ぶべきです！

　でも、ヨーロッパで話されているすべての言葉が同じ祖先であるとは限りません。たとえば、ルネッサンス（イタリア語では rinascimento）で有名な**フィレンツェ**は、**トスカーナ地方**にありますが、この辺りでローマ帝国より少し古い時代の紀元前８世紀ごろ活躍していた**エトルリア人**は、ラテン語などとは全く異なる種類の言語（**エトルリア語**）を話していました。ホラー映画などでは、エトルリア語が呪術的な言葉として用いられることがありますが、これもキリスト教世界にいるヨーロッパ人にとって、異民族で異言語を使うエトルリアの言葉が魔術的なものと映るからかも知れません。ちなみに、トスカーナ（Toscana）っていうイタリアの州名は、このエトルリア（etrusco）からきているんですよ。

コラム　019

4 男性名詞と女性名詞

「太陽」は男性・
「月」は女性

　イタリア語で「太陽」は sole。sole と言えば、有名なカンツォーネ『オー ソーレ ミーオ』(**O Sole Mio**) を思い出しませんか？ 嵐が過ぎ去ったあとの輝く太陽、それとこれに匹敵するくらい美しい私の太陽（自分の恋人）、このカンツォーネはこんな太陽（恋人）のことを情熱的に歌っています。
　「私も言われてみた〜い。『君は僕の太陽だっ！』なんてねっ」
…っていうか、いまどきちょっと聞きませんね。そんなセリフ…

1. 文法性って？

　イタリア語の名詞には、すべて男性と女性の区別があります。
　「名詞に男性と女性の区別があるって？ ピンとこな〜い！」
って思いましたか？ あるものは仕方がないと割り切って考えましょう…というわけにはいきませんね。では、
　　私たちが使っている日本語にも名詞を区別するようなものがある
っていうことをお話ししながら、ナットクしてもらいましょう。

　"イス"の上に"はるか"ちゃんが一人ポツンと座っています（トートツですみません）。あなたには"はるか"ちゃんと"イス"だけが目の前に見えています。これを説明するとき、どう言いますか？ ほら、"はるか"ちゃんがあなたの目の前に…
　「"はるか"ちゃんが**イル**」
ですね。じゃあ、もう一つ。"イス"も目の前に…
　「"イス"が**イル**」
…ちょっとヘンですね。
　「"イス"が**アル**」
こうですよね。
　どうして"はるか"ちゃんが「**イル**」で、"イス"が「**アル**」なのでしょうか？ 答えはカンタン！ "はるか"ちゃんが生き物で、"イス"が生き物ではないからです。日本語では、**生物**と**無生物**で「イル」と「アル」を使い分けているんですね。

020　男性名詞と女性名詞

このような無意識に行っているコトバの使い分け（**文法上の区分**）は、言語によってさまざまです。日本語では、生物と無生物ということによって「イル」と「アル」という動詞を使い分けますが、英語にはこんな区別なんてないでしょ。

　名詞を男性と女性に区別する（**文法性**）。これがイタリア語にある「文法上の区分」の一つなんです。文法性といっても、uomo［ウォーモ］「男」が男性で donna［ドンナ］「女」が女性といったように、オス・メスといった自然性と一致するものもあります。でも、基本的には自然性と文法性は無関係と考えた方が良いでしょう。
　fiore［フィオーレ］「花」なんかは、イメージとしてなんとなく女性っぽいですよね。でも、イタリア語では男性名詞なんですよ。イタリア語と同じくラテン語をもとにしているフランス語 fleur［フルール］は、女性名詞なのですが…。ちなみに、おおもとのラテン語 flos［フロース］は男性名詞となっております。

> ⇒ イタリア語の文法性は、単なる「文法上の区分」

2. 男性名詞と女性名詞って、どうやって区別するの？

　イタリア語では、名詞が"男性"か"女性"かによって、名詞にくっつく他の単語のカタチが変わります。だから、名詞を覚えるときには、それが男性名詞か女性名詞かということもあわせて覚える必要があります。
　でも、安心して！　イタリア語の文法性の区別は、単語の最後の音でスグに分かっちゃうのです。

> ◇ -o で終わる名詞：男性名詞
> ◇ -a で終わる名詞：女性名詞

これが基本のルールです。たとえば libro［リーブロ］「本」。これは -o で終わっていますね。だから男性名詞です。じゃあ、luna［ルーナ］「月」は？　そう、-a で終わっているから女性名詞ですね（カンタンでしょ！）。
　ちょっと厄介なのが、sole［ソーレ］のように -e で終わる単語です。これは残念ながら覚える必要があります…と言いつつ、ちょっとだけラクができる方法をお教えしましょう。

> -ore で終わるものは男性名詞：fiore［フィオーレ］「花」・colore［コローレ］「色」
>
> -ione で終わるものは女性名詞：lezione［レツィオーネ］「授業」・pensione［ペンスィオーネ］「下宿」

> ◇ -e で終わる名詞：男性名詞・女性名詞

男性名詞と女性名詞　021

3. ルールにあてはまらない名詞

-o が男性名詞で、-a が女性名詞
覚えましたね。今度は、このルールの仲間ハズレを見ておきましょう。
「へぇ〜、こんなのもあるんだぁ」
ってくらいの気持ちで見ておいてね。

まずは、ルールと正反対のもの。

-a で終わる男性名詞　pigiama[ピジィアーマ]「パジャマ」/ problema[プロブレーマ]「問題」/ sistema[スィステーマ]「システム」

-o で終わる女性名詞　auto[アット]「自動車」/ mano[マーノ]「手」/ radio[ラーディオ]「ラジオ」

お次は、新たなルール。

-ù で終わる名詞：女性名詞　gioventù[ジィオヴェントゥ]「青年期」/ virtù[ヴィルトゥ]「徳」

-i で終わる名詞：女性名詞　analisi[アナリーズィ]「分析」/ tesi[テーズィ]「論文」

子音で終わる名詞：男性名詞　autobus[アウトブス]「バス」/ bar[バール]「バール」

4. カンタンにできる男性名詞 ⇔ 女性名詞

　生物に関する名詞（**生物名詞**）には、男性名詞の最後の音を変えるだけでカンタンに女性名詞になっちゃうのがケッコウあります。すぐに覚えられるのもあるので、頭の片隅にでも置いておくと便利ですよ。

-o（男性）→ -a（女性）　figlio[フィーリョ]「息子」→ figlia[フィーリャ]「娘」
これなんて覚えやすいでしょ。名前なんかにも、こんなペアはたくさんありますよ。Francesco[フランチェスコ]「フランチェスコ（君）」と、Francesca[フランチェスカ]「フランチェスカ（ちゃん）」。それじゃあ、Mario[マーリィオ]君と Maria[マリーア]ちゃんは？

022　男性名詞と女性名詞

● -e（男性）→ -a（女性）　signore[スィニョーレ]「紳士」→ signora[スィニョーラ]「淑女」

これも覚えやすいですよね。

● -tore（男性）→ -trice（女性）　pittore[ピットーレ]「画家」→ pittrice[ピットリーチェ]「女流画家」

ちょっと複雑になってきましたか？

● -e（男性）→ -essa（女性）　studente[ストゥデンテ]「男子学生」→ studentessa[ストゥデンテッサ]「女子学生」

かなり込み入ってきました。

● その他　dio[ディーオ]「神」→ dea[デーア]「女神」／ re[レ]「王」→ regina[レジーナ]「女王」

まあ、いわゆる例外ってヤツです。

♪O sole mio♪『オー ソーレ ミーオ』って、どういう意味だと思いますか？　mio は、「私の」という意味です…

「分かった！『おお、我が太陽よ』でしょ！」

…残念ながらチョット違うのですね、コレが。

イタリアには、地域によって方言差があります。それぞれの方言は、標準語とは想像以上に違った音や形を持っています。ナポリ民謡である『オー ソーレ ミーオ』の歌詞には、当然ナポリ方言が使われています。ナポリ方言の O は、「おお」じゃなくて、標準語の il にあたる定冠詞（英語でいう〈the〉）なのです。だから、『我が太陽よ』ってのが答えなのです。

やってみよう！

次の名詞を男性形は女性形に、女性形は男性形にしてみましょう。
a) **signora** →　　b) **figlio** →　　c) **studente** →
d) **Francesco** →　e) **Mario** →　　f) **professore** →

（答えは 138 ページを見てみてね！☞）

男性名詞と女性名詞　023

5 人称

「二人称 が 二つとは？」

「"人称"だって!?…ややこしそう…」
なんて思っちゃいましたか？ でも、英語で「三単現の -s」っていうのがあったでしょ。ほら、〈I〉「私」が主語だと〈I come here.〉「私がここに来る」だけど、主語が〈Tom〉になると〈Tom comes here.〉と、動詞になにやら -s がつくっていうヤツです。
　この「三単現の -s」というのは、「三人称単数現在形の動詞の終わりに -s がつく」ということ。実は、このときに"人称"という言葉にすでに接していたのですよ。

1. 「人称」と言われても…

　【話している人】、【聞いてくれている人】、【それ以外の人やもの】という基準で、話しの内容を区別したものを「人称」と言います。
　言葉では、必ず"誰（何）"ということをハッキリさせなきゃなりませんよね。簡単に言うと、"誰（何）"というのを三種類に分けたものが「人称」です。

　日本語では、「人称」なんてことはあまり意識しません。というのも、「人称」を考えなくても、言葉として成り立つからです。
　でも、イタリア語でこの「人称」というのは、動詞の活用にとって、とても大切なことなのです。ということで、ここで「人称」という考え方をシッカリと身につけておくことにしましょう。

⇒ 人称という考え方はイタリア語ではとても大事！

　「人称」の基本は、[話している人]・[話している相手]・[それ以外の人やもの]という三つをまず区別することです。「話している人」が**一人称**、「話している相手」が**二人称**、「それ以外の人やもの」が**三人称**となります。

◇ 一人称：「話している人」
◇ 二人称：「話している相手」
◇ 三人称：「それ以外の人やもの」

ある家庭で、「お父さん」が「自分の娘」に「お父さんが買ってきた本」について話しをしています（またトートツですいません）。ここで、「お父さん」が、
「**お父さん**が**この本**を**お前**に買ってきたんだよ」
と言ったとします。この文の中では、「お父さん」が話しをしている主人公（話している人）ですね。だから、「お父さん」は一人称です。そして、[話している相手]の「お前」（自分の娘）が「お父さん」にとって二人称で、[話している人]でも[話している相手]でもない「この本」が三人称となります。

　この一人称・二人称・三人称には、それぞれ**単数**と**複数**というものがあります。さっきの例では、[話している人]である「お父さん」は、まあふつう一人ですから、一人称単数となります。ところが、「お父さん」と「お母さん」が二人で本を買ってきて、
「**お父さんたち**がこの本をお前に買ってきたんだよ」
と言った場合の「お父さんたち」は一人称複数になります。同じように、「自分の娘」が一人のときは二人称単数ですが、娘が二人いたとして、
「お父さんが**お前たち**にこの本を買ってきたんだよ」
と言えば、「お前たち」は二人称複数ということになります。「この本」も、一冊であれば三人称単数ですが、二冊以上買ってきたとなれば三人称複数っていうことになります。
　結局、人称には、一人称・二人称・三人称に対して、それぞれ単数と複数があるわけです。だから合計6種類あることになりますね。

⇒ **人称は合計6種類ある**

　イタリア語にとって、人称を区別するということはとっても大事なのです。主語の人称が違うと動詞のカタチがぜんぶ変わるし、その他もイロイロと…

人称　025

2. 主語人称代名詞

まずここでは、「**私が**」・「**あなたが**」など、主語として使われる代名詞（**主語人称代名詞**）から確認しておきましょう。英語の形も参考として横にあげておきますので、比較しながら見てください。

		イタリア語		英語	
		単数	複数	単数	複数
一人称		io（イーオ）	noi（ノィ）	I	we
二人称		tu / Lei（トゥ／レィ）	voi / (Loro)（ヴォィ／ローロ）	you	you
三人称	（男性）	lui（ルーィ）	loro（ローロ）	he	they
	（女性）	lei（レィ）		she	

「ふ〜ん…」
ってカンジかな？ 英語とは似ても似つかない形だもんね。

3. 二人称が二つも！

それにジッと見ると、イタリア語は英語より二人称がなにやら複雑そうですね。実は、イタリア語では、[話している相手] である二人称を指すとき、話し手である自分と話し相手との親しさの度合いによって言葉を使い分けるのです。

⇒ イタリア語は相手との "親しさの度合い" で二人称を使い分ける

さっきの主語人称代名詞の表の中で、二人称単数のところには、tu と Lei という二つの形がありましたね。この二つの呼び方は、話している相手との親しさの度合いによって使い分けるのです。

話している相手が自分と親しいとき（**親称**）は、tu「君が」です。友人・家族間・同年代の相手・子供などが話し相手のときは、tu を使うのですね。

◇ tu：友人・家族間・同年代の相手・子供などに対して

これとは違って、あまり親しくない相手（年配の人や初対面の人など）（**敬称**）に対して丁寧に言いたいときは、Lei「あなたが」になります。書くときには、三人称単数の lei「彼

女が」と区別するために、文の途中でも大文字で始めます。

◇ **Lei：年配・初対面の人などに対して**

　二人称複数にも単数と同じように、親しい呼び方として voi「君たちが」と丁寧な呼び方の Loro「あなた方が」があります。でも、Loro と言われると、とても改まったように感じるので、丁寧な呼び方のときでも、voi「君たちが、あなた方が」を使うのがふつうです。…ということは、相手が一人のときだけ、その相手と親しいかどうかを注意すればいいことになります。

　話す相手によって呼び方を変える、コレって日本語もそうですよね。相手のことを言うときに、「あなた」、「君」、「お前」、「あんた」、「貴様」とか、たくさんの言い方があるでしょ。この使い分けって、けっこうムズカシイのですが、私たちは上手に使い分けています。
　だから、「相手によって呼び方を変える」っていう感覚はすでに私たちには備わっているワケです。あとは、イタリア語流のやり方さえマスターすれば OK なのです。

やってみよう！

次の下線部を主語人称代名詞で言ってみましょう。
a) マリオ、きみは何人兄弟？　　　　　＿＿＿＿＿＿
b) 先生はおいくつですか？　　　　　　＿＿＿＿＿＿

（答えは 138 ページをごらんあれ！☞）

人称　027

6 挨拶

「これも相手によって言い方が変わる」

話す相手によって言い方を変えるのは、日本語でも目の前の相手を呼ぶときだけではありませんね。挨拶をするときだって、どんな相手かを確認して言い方を変えてるでしょ。朝、出勤して部長に、「やあ、元気〜」じゃ出世は見込めませんよ。

イタリア語も、話す相手によって挨拶の仕方が違ってくるのがあります。やり方は、第5章の『人称』と同じですから、もうお手のモンでしょ。

1. 出会い

皆さん、
Buongiorno! [ブゥオンジョールノ]
ここまでおつき合いいただいて、やっと挨拶することができました。
　午前中から午後3時くらいまでは、この Buongiorno.「おはよう；こんにちは」を使います。でもこれは年配の人や初対面の人など、あまり親しくない相手…そう、敬称に対する挨拶なんです（午後3時くらいから寝るまでは、Buonasera. [ブゥオナセーラ]「こんにちは；こんばんは」を使います）。
　相手との親しさの度合いによって、挨拶にも使い分けが必要なんですね。
「じゃあ、親しい相手（親称）には？」
はい、これは全世界共通の挨拶
Ciao. [チィアーォ]「やあ」
で OK です。

⇒ 挨拶も相手との"親しさの度合い"で表現をを使い分ける

　この他、敬称・親称のどちらにも使える
Salve. [サルヴェ]「こんにちは；やあ」
という表現もあります。

　初めての出会いのときは、
Piacere. [ピィアチェーレ]「はじめまして」

028　挨拶

と言います。Piacere. に対しては、
　Piacere mio.［ピィアチェーレ　ミーオ］「こちらこそ」
と答えると良いでしょう。

2. 感謝

　感謝の気持ちを表わしたいときは、
　Grazie.［グラーツィエ］「ありがとう」
です（誰ですか、Merci. なんて言っているのは！　それはフランス語ですよ）。
　この Grazie に「とても」という表現を加えた
　Mille［ミッレ］/ Tante［タンテ］/ Molte grazie［モルテ　グラーツィエ］.「本当にありがとう」
　Grazie mille.［グラーツィエ　ミッレ］「本当にありがとう」
なんかもよく使います。
　「どういたしまして」は、
　Prego.［プレーゴ］
が一般的ですが、
　（Di）niente.［（ディ）ニィエンテ］
とも言います。

3. 別れ

　まだお別れするには早すぎますが、別れの表現も覚えておきましょう。
　敬称に対する別れの挨拶は、
　Arrivederci.［アッリヴェデールチ］「さようなら」
です。なんか別れの挨拶なのに長ったらしいなあ、と思った人もいるのではないでしょうか？　これは〈a「〜まで」＋rivedere「再び会う」＋ci「私たち」〉「私たちが再び会うまで」という意味なんです。英語でも、〈See you again.〉「さようなら」（〈see〉「会う」＋〈you〉「あなたに」＋〈again〉「再び」〉）って言うでしょ。中国語でも「再見」って言いますし、こんなのとよく似てますよね。別れの挨拶には、このほか『出会い』で使った
　Buongiorno. / Buonasera.「さようなら」
も使うことができます。
　親称に対しては、
　Ci vediamo.［チ　ヴェディアーモ］/ A presto.［ア　プレスト］/ A più tardi.［ア　ピィウ　タールディ］
「じゃあまた」

などを使います。敬称のときと同じように、『出会い』の挨拶である
　Ciao.「じゃあまた」
でも OK です。

　これら以外にも、
　Addio.［アッディーオ］「（永遠に）さようなら」
という表現もあります。ただし、
　Buonanotte.［ブゥオナノッテ］「おやすみ」
は、寝る前にだけ使う表現です。

4. 身分上の肩書き

　「〜さん」という姓につける肩書きには、男性に対する signore［スィニョーレ］（英語の〈Mr.〉）と、女性に対する signora［スィニョーラ］（英語の〈Mrs.〉）/ signorina［スィニョリーナ］（英語の〈Miss〉）というのがあります。女性につける肩書きに二つあるのは、既婚（signora）と未婚（signorina）とで区別するからです。

	イタリア語	英語
男性	signore	Mr.
女性（既婚）	signora	Mrs.
女性（未婚）	signorina	Miss

　イタリア語では相手の名前を知っているときには、Buongiorno や Buonasera に続けて相手の姓をつけて言うのがふつうです。相手の姓だけだと、呼び捨てになっちゃいますから、さっきの signore / signora / signorina を姓の前につけて言うんですね（Buongiorno, **signora** Fellini.［ブゥオンジョールノ　スィニョーラ　フェッリーニ］）。

　さて、男性の姓の前につける signore ですが、相手の名前が分からないときなんかは、
　Buongiorno, **signore**.［ブゥオンジョールノ　スィニョーレ］
と言ったりします。でも、後ろに姓をつける場合は、
　Buongiorno, **signor** Rossetti.［ブゥオンジョールノ　スィニョール　ロッセッティ］
のように、signore のおしまいの母音を落として **signor** という形になることに注意してください。

　肩書きにはこの他、大学を卒業した男性に対する dottore［ドットーレ］と女性に対する

dottoressa［ドットレッサ］、大学や高校の男性の先生に対する professore［プロフェッソーレ］と女性に対する professoressa［プロフェッソレッサ］などがあります。大学を卒業した Visconti「ヴィスコンティ」さん（男性）に夕方会ったときは、

 Buonasera, **dottor** Visconti.［ブゥオナセーラ　ドットール　ヴィスコンティ］「こんばんは、ヴィスコンティさん」

と言います。

親称に対して Ciao を使うときは、
 Ciao, Haruka.［チィアーォ　ハルカ］
のように名前だけをつけるのが基本です。

5. その他の表現

その他、よく使う次のような表現も覚えておくと便利ですよ。
Pronto．［プロント］「（電話で）もしもし？」
Per favore．［ペル　ファヴォーレ］「お願いします」
D'accordo．［ダッコールド］「そうですね」
Pardon．［パルドン］「失礼！」
Va bene．［ヴァ　ベーネ］「OK！」

　女性の肩書きの使い分けって、なかなかムズカシイといつも思うんですよね。英語だと「女性が結婚してるかどうかで肩書きを変えるなんて男女差別！」なんてことから、最近は〈Ms.〉という便利なものが登場しました。でも、イタリア語には、このような便利な表現が今のところまだ見あたりません。結婚しているかどうかが分からないときは、だいたいの（推定）年齢で、
　「ああ○○歳くらいだから結婚しているだろう…それじゃ signora」なんて当てにならない経験的な判断に頼るしかないのです。でも、この○○歳というところがビミョーな年齢だととても困るんですよ、特に男性にとっては！

やってみよう！

次の挨拶に答えてみましょう。（　）の中にあるのは相手の名前です。
a) **Buongiorno, signorina Tanaka.**（signor Rossi）
b) **Ciao, Yumi.**（Anna）
c) **Grazie.**
d) **Piacere!**

（答えは139ページをチェックしましょう！☞）

挨拶　031

7 複数形

「複数は…何も加えない、変えるだけ」

「名詞に単数形と複数形があるってことなんて当たり前よ」
って思っている人がいるかもしれませんね。でも、幼い頃、そんな区別があるなんて思ってなかったはずです。だって、日本語の名詞には、単数と複数の区別なんてないのですから。きっと、英語を勉強して初めて知ったんだと思いますよ。
「この靴、似合うでしょ。アレッ、右の靴汚れてる」
英語だと最初の"靴"は〈shoes〉、次の"靴"は〈shoe〉。覚えてた？

1. 何も加えない、変えるだけ！

　日本語では名詞を言うときに、それが**単数**か**複数**かっていう区別はしませんね。区別をしないということは、そのような考え方がソモソモないということです。
　でも、英語と同じく、イタリア語には単数と複数の区別がシッカリあります。

　フランス語を勉強するときには、複数形が英語と同じように -s をつけるだけなのでそれほど戸惑うことはありません。同じように、スペイン語やポルトガル語なんかも -s をつければ複数形ができちゃいます。でも、イタリア語は？って言うと、何もつけ加えないのです。ただ**変える**のみです。

> ⇒ 複数はつけないで、変える！

「じゃあ、どこを変えるの？」
ってことになりますが、名詞の最後の母音を変える。コレがイタリア語の複数形の作り方です。
　名詞には男性と女性という「文法上の区分」があって、-o で終わるのが男性名詞、-a で終わるのが女性名詞っていうルール、覚えてますよね（第4章）。実はコレって、単数のカタチのことを言ってるんです。単数を複数にするには、この単語のおしまいの母音を変えることになります。

> ◇ -o（単数形）→ -i（複数形）
> ◇ -a（単数形）→ -e（複数形）

quaderno[クゥアデールノ]「ノート」は、-o で終わっているので男性名詞です。しかも単数形ですね。これが辞書に載っている形です。…ということは、辞書には単数形だけが載っているってことなんですね。この quaderno を複数形にするには、最後の母音の -o を -i に変えて quaderni[クゥアデールニ] とします。

同じように、女性名詞の penna[ペンナ]「ペン」は、複数形になると penne[ペンネ]という形になります。

「ん、ペンネなら食べたことがある！」

そうです！ penne っていうのは、端を斜めに切った短い筒状の pasta[パスタ]「パスタ」ですね。これって、ペンみたいな形をしているでしょ。だからペンネなんですね。penna の複数形 penne がパスタの名前として使われているのです。どうですか？ 覚えたでしょ。変わるんですよ、複数形は。

「それじゃあ、-e で終わるのはどうなるの？」

そうでした！ 単数形の名詞には、見ただけでは男性名詞か女性名詞かが分からない -e で終わるものがありました。これは、-e を -i に変えて複数形を作ります。

◇ **-e（単数形）→ -i（複数形）**

たとえば、fiore[フィオーレ]「花」（これは男性名詞でしたか？ 女性名詞でしたか？ 答えは第4章です）は、複数形になると fiori[フィオーリ]となります。

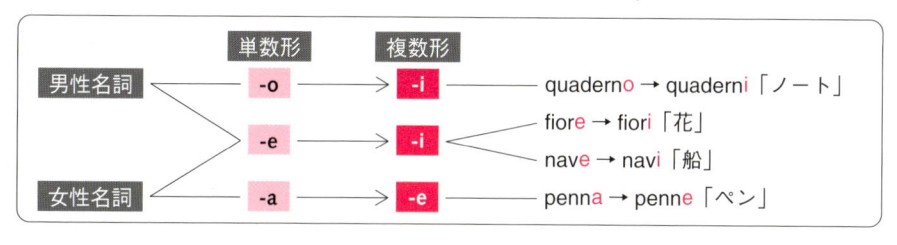

	単数形		複数形	
男性名詞	-o	→	-i	quaderno → quaderni「ノート」
	-e	→	-i	fiore → fiori「花」
				nave → navi「船」
女性名詞	-a	→	-e	penna → penne「ペン」

慣れないうちは、単語の形が変わるのにちょっと抵抗を覚えてしまうかも知れませんね。でも、慣れてくるとコレがケッコウ心地良くなったりします。反対に、英語やフランス語なんかみたいに、-s をつけ加えたりする方が面倒になってくるかも知れませんよ。

2. ルールにあてはまらない複数形

はい、ここまでが基本ルール！…ってことは、もうお分かりですね。ルールには違反がつきものです。でも、ルールはデタラメに破ってはいけません。ちゃんと、掟ってものがござ

複数形 033

います。

　まずは、**音を優先**するか、それとも**規則通り**につづるかっていう問題です。co → ci（go → gi）/ ca → ce（ga → ge）は規則通りですが、co → chi（go → ghi）/ ca → che（ga → ghe）とすると、音を優先してることになりますね。ほら、カ行とガ行では、「chi (ghi)」と「che (ghe)」のときにhを入れる必要があったでしょ（第3章）。それとイッショです。

> 単語の終わりが **-co / -go**
> - アクセントが後ろから二番目にあるときは、音を優先して -chi / -ghi となります。
>   　albergo［アルベールゴ］→ alberghi［アルベールギ］「ホテル」
> - アクセントが後ろから三番目にあるときは、規則通り -ci / -gi となります。
>   　medico［メーディコ］→ medici［メーディチ］「医者」
>
> 単語の終わりが **-ca / -ga**
> - このときは、音を優先して -che / -ghe となります。
>   　amica［アミーカ］→ amiche［アミーケ］「女友達」/ riga［リーガ］→ righe［リーゲ］「定規」

　お次は、二重母音を**一つの母音**にするか、それとも**規則通り**につづるかっていうもの。

> 単語の終わりが **-cia / -gia**
> - -i- にアクセントがあるときは、規則通りに -cie / -gie となります。
>   　farmacia［ファルマチーア］→ farmacie［ファルマチーエ］「薬局」/ bugia［ブジーア］→ bugie［ブジーエ］「うそ」
> - -cia / -gia にアクセントがなくその前が母音だと、-cie / -gie になります。これも規則通りですね。　camicia［カミーチャ］→ camicie［カミーチェ］「ワイシャツ」
> - ただ、-cia / -gia にアクセントがなくその前が子音だと、-ce / -ge となってしまいます。　doccia［ドッチャ］→ docce［ドッチェ］「シャワー」

　次は、同じ音を二つ並べて**規則通り**にするか、それとも一つ落として**スッキリ**させるかというもの。

> 単語の終わりが **-io**
> - -i- にアクセントがあるときは、規則通りに -ii となります。
>   　zio［ツィーオ］→ zii［ツィーイ］「叔父」/ rinvio［リンヴィーオ］→ rinvii［リンヴィーイ］「延期」
> - でも、-i- にアクセントがないときは、スッキリと -i です。-ii とすると、かなり言いにくいですからね。　occhio［オッキィオ］→ occhi［オッキ］「目」

最後は、完全な掟破り！

dio[ディーオ] → dei[デイ] 「神」 / uomo[ゥオーモ] → uomini[ゥオーミニ] 「男」

3. 複数形になっても変化しないもの

つけないで変えるっていうのがイタリア語の複数の作り方だと、これまで何度も言ってきましたね。でも、中には
つけないし、変えないっていうのもあるんです。つまり、単数と複数が同じ形になるものですね。これも一種のルール違反です。

単音節の名詞　re[レ]「王」/ sci[シ]「スキー」

最後の母音にアクセントのある名詞　caffè[カッフェ]「コーヒー」/ città[チッタ]「町」

子音で終わる名詞（子音で終わる名詞は、英語から入ってきた語に多く見られます）
film[フィルム]「映画」/ goal[ゴール]「ゴール」

-i で終わる名詞　analisi[アナリーズィ]「分析」/ crisi[クリーズィ]「危機」

-ie で終わる女性名詞　serie[セーリィエ]「シリーズ」/ specie[スペーチェ]「種類」

近年、日本でも色々な調理法のスパゲッティを食べることができるようになりました。このスパゲッティという言葉も、実は spaghetto[スパゲット] という男性名詞の複数形 spaghetti[スパゲッティ] なんですよ。

どうしてこの食べ物を複数形の spaghetti と言うんでしょう？ たった１本だけの spaghetto しかお皿にのっていなかったら、お腹いっぱいにならないからでしょうかね!?

やってみよう！

次の名詞は、a) 単数形、b) 複数形、c) 単数形と複数形、のどれでしょう？

fiore　libri　lezione　caffè
spaghetti　film　serie　penne　luna

a) 単数形　＿＿＿＿＿＿　＿＿＿＿＿＿　＿＿＿＿＿＿
b) 複数形　＿＿＿＿＿＿　＿＿＿＿＿＿　＿＿＿＿＿＿
c) 単数形と複数形　＿＿＿＿＿＿　＿＿＿＿＿＿　＿＿＿＿＿＿

（答えは 139 ページでカクニンしてね！☞）

複数形　035

8 不定冠詞
冠詞って？

　文の中でイタリア語の名詞を使うときには、**男性か女性かという文法性**と、**単数か複数かという数**に注意するのでした！
　「それだけで十分よね？」
　イヤ〜、ちょっとヤッカイなものがもう一つ。冠詞ってものが…

1. 冠詞ってナニ？

　「ナニよ〜、冠詞って？」
冠詞というのは、英語で言うと〈a〉とか〈the〉のことです。
　「それが、ややこしいんじゃない！」
そうですね、冠詞ってものがない日本語を使っている私たちには、これはケッコウ面倒なものですよね。でも、イタリア語には冠詞がシッカリとあります！　これをほったらかしにしておくわけにもいきませんよね。よく理解して少しずつ慣れていくようにしましょう。

　それではまず、
　「冠詞をつけないって、どんなカンジになるの？」
っていうことから始めてみましょう。もし文の中で冠詞をつけずに penna［ペンナ］「ペン」を使ったとしたらどうなると思います？…それは、具体的な「ペン」とは違う、頭の中で考えているような「**性質**」を意味するだけのものになってしまうのです。「性質」というのは、「**どうなの？（どのような？）**」という問いに答えるようなものだと考えてください。たとえば、
　「あのドラマってどうなの？」
に対してどう答えますか？　きっと
　「新鮮だね・古いね・おもしろいよ・つまんねぇ」
といったような形容詞（性質）で答えるでしょう。まさか「ペンい？？？」みたいには言わないですよね。つまり、冠詞をつけないで penna を文の中で使うということは、「penna という性質」（あえて日本語にしてみれば「ペンい」かな？）を示すだけなのです（端的に言えばあり得ないということ）。

036　不定冠詞

ふつう、penna を文中で使うときには、「僕は**ペン**が欲しい」みたいに、具体物としての「ペン」を指しますね。このように、「性質」を「具体的なもの」にするための道具、これが冠詞ということになります。

⇒ 冠詞は "性質" を具体的なものにする道具

2. 不定冠詞

ここでは、英語の〈a〉にあたる**不定冠詞**を見ていきましょう。

冠詞は名詞を具体的なものにする道具だから、名詞とはかなり親密な関係となります…ってことは、そう！ 名詞の性質に合わせなきゃならない、ってことになります。つまり、冠詞の形は名詞の文法性と数によって変わるということです。でも、不定冠詞は、単数の名詞にしかつきませんから、名詞の文法性に合わせるだけで OK！ 男性形が un［ウン］で、女性形が una［ウーナ］。カンタンでしょ。

	単数
男性	un
女性	una

それじゃあ、penna に不定冠詞をつけると？ penna は女性名詞だから… una penna ですね。

3. 不定冠詞のヴァリエーション

　はい、基本はマスターしましたね！
「えっ!?また何かあるの？」
そうなんです。英語の不定冠詞〈a〉(〈a book〉) でも、母音の前では〈an〉(〈an apple〉) となりますね。これと同じように、イタリア語も後ろにやってくる名詞の初めの音によって少し形が変わっちゃいます。でも、このヴァリエーションは言い易くするために形を変えているだけで、決してイタリア語の不定冠詞にたくさんの種類があるわけではありません。

　男性形の基本は un でした。これは、あとに続く語が子音と母音で始まるときに使われますが、子音でも〈s＋子音字〉や z で始まる語があとに続くときには uno［ウーノ］という形を使います。
　女性形は、あとに続く語の初めの音が子音のときには基本形 una を使いますが、母音のときは un'［ウン］という形になります。

	後に続く最初の音が	単数	
男性	子音・母音	un	un quaderno［クァデールノ］「ノート」
	s＋子音 / z	uno	uno specchio［スペッキィオ］「鏡」
女性	子音	una	una matita［マティータ］「鉛筆」
	母音	un'	un'amica［アミーカ (ウナミーカ)］「女友達」

4. どんなときに不定冠詞を使うの？

　ではどのようなときにこの不定冠詞を使うのか、ということになりますが、辞書や文法書なんかにはいかにも多くの用法があるように書いてあります。これを一つ一つ理解していくなんてタイヘンです。何事もシンプルが一番！　不定冠詞は、
　　特定しない具体的なある一つのもの（一人のヒト）
につける！、とだけ覚えておく。これでまずは慣れていきましょう。

◇ 不定冠詞：特定しない具体的なある一つのもの（一人のヒト）

　たとえば、bar［バール］「バール」に入って cappuccino［カップッチーノ］「カプチーノ」を飲みたいときには、

Un cappuccino, per favore.「カップッチーノ一杯下さい」
です。un cappuccino は、「(どのカップッチーノとは) 特定しない具体的な一つのもの」を指しているので、不定冠詞を使っているのです。

5. Ecco ～

Ecco は人に何かものを差し出しながら「**はいどうぞ**」と言ったり、見えるものや聞こえるものを指し示しながら「**ほら〜がある**」というようなときに使います。Ecco は動詞を必要としない便利な表現で、差し出したりするものを Ecco のあとにつければそれだけで OK です。たとえば、レストランで、

Ecco una birra.「はいビールです」

と、ウエイターがお客にビールを差し出すようなときに使います。

un' は、女性形 una のおしまいの音である -a が落ちた形です。この母音で始まる女性名詞の前で使う un' という形は、一昔前ではキチンとした文法として教えられていましたが、最近のイタリア語では、母音の前でも省略しない una を用いることがあります。たとえば、un'amica は、una amica としても耳にすることがあります。言葉も時代によって変化していくもんなんです。

やってみよう！

次の名詞を適当な不定冠詞の後につけてみましょう。

penna　aula　signora　amico
bar　studentessa　zio　libro　casa

un ～～～～～～～～～～～～～～～～～～～～～～～
uno ～～～～～～～～～～～～～～～～～～～～～～～
una ～～～～～～～～～～～～～～～～～～～～～～～
un' ～～～～～～～～～～～～～～～～～～～～～～～

(答えは 139 ページをご覧あそばせ！)

不定冠詞　039

9 -are 動詞

♪Ｖｏｌａｒｅ♪は
誰が「飛ぶ」の？

♪Volare...oh! oh! Cantare... oh!oh!oh!oh!♪
　知ってるでしょ、このカンツォーネ。そうです、『ヴォラーレ』（Volare）ですね（原題は、Nel blu, dipinto di blu）。
　でも、イッタイ誰が飛んで（volare）歌っている（cantare）のでしょうか？

1. 誰が歌うの？

　mangiare[マンジャーレ]「食べる」/ parlare[パルラーレ]「話す」/ cantare[カンターレ]「歌う」、これってイタリアを象徴するような言葉ですよね。でも、これだけじゃあ、誰が mangiare / parlare / cantare しているのか分かりませんね。
　「そりゃそうよ、主語がないもの」
イヤイヤ、主語があるとか、ないとかじゃなくて…それじゃあ、英語と比較しながらゆっくりと説明していきましょう。

　英語で「歌う」は〈sing〉ですよね。この〈sing〉は辞書に載っている形です。この辞書に載っている形を**不定詞**って言います。でも、英語の〈sing〉って、不定詞であると同時に、現在形の三人称単数以外の形でもありますよね。ほら、「私が歌う」は〈I sing〉だし、「君たちが歌う」も〈you sing〉、どちらも〈sing〉という形を使うでしょ（ただ、主語が〈he〉とか〈she〉などの三人称単数のときだけは、〈sing**s**〉と -s をつけるのでしたね）。これを一覧にしてみましょう。

	単数	複数
一人称	I sing	we sing
二人称	you sing	you sing
三人称	he sings	they sing

「なによ〜この表！　こんなの見たことないわ！」

大丈夫です！　これからタップリ見ることになりますから。英語を習っているときに、こんな表を見なかったのは、辞書に載っている形を三人称単数以外でそのまま使うからなのです。ワザワザ紙の無駄遣いをしなくっても、三人称単数に -s をつけることだけ覚えれば何も問題ありませんからね。

　ってことは…そうです！　一覧表が必要なくらいイタリア語は、それぞれの人称で形が変わってしまうんです！　さっきも言ったように、mangiare や cantare というのは辞書に載っている形に過ぎません。だから、誰がその動作をしているのかが分からなかったのです。じゃあ、誰が「歌う」（cantare）のか分かるようにしてみましょう。

		単数		複数
一人称	io	canto[カント]	noi	cantiamo[カンティアーモ]
二人称	tu	canti[カンティ]	voi	cantate[カンターテ]
三人称	lui	canta[カンタ]	loro	cantano[カンタノ]

どうですか？　辞書に載っているのは cantare ですが、どの人称にもこのカタチは使われていませんね。それに、すべての人称で違うカタチになっています。

「こいつは大変なことになった！」

なんて思っちゃいましたか？　でも、もう一度さっきの活用変化の表をじっ〜と見てください。なにやら、すべての人称で共通している部分と、それぞれの人称で違っている部分があることに気づくでしょう。そうです！ cant- という部分はぜんぶイッショですね。これに一人称単数なら -o、二人称単数であれば -i がくっついてそれぞれの人称のカタチが出来上がっています。

　たとえば canto であれば、共通部分の cant- が「歌う」という意味の中心となっていて、-o というのが「私が」という「人称」を表しているのです。ということは、辞書に載っているカタチの cantare は、〈cant-（「歌う」という意味）＋ -are（「どの人称にも時にも属さないよ」という不定詞のしるし）〉からできていることになりますね。

	-o	（一人称単数）
	-i	（二人称単数）
cant-	-a	（三人称単数）
	-iamo	（一人称複数）
	-ate	（二人称複数）
	-ano	（三人称複数）

-are 動詞

2. -are 動詞

volare / cantare / parlare。ぜんぶ -are で終わっているでしょ。このように -are で終わる動詞を -are 動詞 と呼びます。abitare［アビターレ］「住む」・amare［アマーレ］「愛する」・lavorare［ラヴォラーレ］「働く」なんかも -are 動詞ですね。

-are 動詞は、さっきの cantare と同じように、-are を除いた「動作の意味」を表す部分と、「各人称」を示す活用部分から作られます。だから、「私が話す」は parlo［パールロ］、「彼が働く」は lavora［ラヴォーラ］っていうようになります。不定詞の -are をのぞいた部分 ＋ 〈-o / -i / -a / -iamo / -ate / -ano〉。これが -are 動詞の現在形のカタチになります。

でも、-are 動詞の中には、他のと少しだけ違う変化をするのもあるんですよ。

-iare で終わるもの

- studiare［ストゥディアーレ］「勉強する」や mangiare［マンジャーレ］「食べる」など -iare で終わる動詞は、-are の変化表を当てはめてみると、二人称単数形で -ii ってカンジで -i- が二つ連続しちゃいます。これはとても言いにくいので、-iare で終わる動詞のほとんどは i を一つ落として -i となります。

		単数		複数
一人称	io	studio［ストゥーディオ］	noi	studiamo［ストゥディアーモ］
二人称	tu	studi［ストゥーディ］	voi	studiate［ストゥディアーテ］
三人称	lui	studia［ストゥーディア］	loro	studiano［ストゥーディアノ］

ただし、一人称単数形の -io の -i- にアクセントがくるものは、規則通り -ii となります。（studiare と mangiare は、studio / mangio［ストゥーディオ マンジョ］のように、-io の -i- にアクセントがありません）。inviare［インヴィアーレ］「送る」がこのパターンになります（一人称単数形が invio［インヴィーオ］ですから）。

-care / -gare で終わるもの

- dimenticare［ディメンティカーレ］「忘れる」や pagare［パガーレ］「支払う」など、-care / -gare で終わる動詞は、二人称単数と一人称複数でカ行（ガ行）の音を保つために h を入れます。

	単数		複数	
一人称	io	dimentico[ディメンティコ]	noi	dimentichiamo[ディメンティキィアーモ]
二人称	tu	dimentichi[ディメンティキ]	voi	dimenticate[ディメンティカーテ]
三人称	lui	dimentica[ディメンティカ]	loro	dimenticano[ディメンティカノ]

　イタリア語のアクセントの基本は、おしまいから二番目の母音でしたね。だから、-are 動詞の不定詞は、abit**a**re / am**a**re のようになります。

　でも、活用形の場合は、まず一人称単数のアクセントの位置を覚えることから始めましょう。abitare だと **a**bito、cantare は c**a**nto です。各人称の単数と三人称複数は、これと同じ部分にアクセントがあります（**a**biti / **a**bita / **a**bitano、c**a**nti / c**a**nta / c**a**ntano）。一人称と二人称の複数は、活用部分である -i**a**mo / -**a**te にアクセントがきます（cant**i**amo / cant**a**te、abit**i**amo / abit**a**te）。こっちの方は、イタリア語の基本的なアクセントの位置、後ろから二番目の母音になっていますね。

やってみよう！

次の文を（　）を主語にして言い換えてみましょう。
a）Voi parlate di politica.（Noi）
b）Abito a Firenze.（Maria e Paolo）
c）Amo Maria.（Lei）

（答えは 139 ページにございまするよ！☞）

-are 動詞　043

10 基数形容詞
「uno / due / tre … 数字のおベンキョウ」

買い物をしたり、電話をかけたり、時間を確認したり、…こんなときには数字ってゼッタイ必要なものですよね。ホテルに泊まっても部屋には番号があります。ホテルで迷子にならないためにも、そろそろ数字の練習でもしてみましょう。

1. 1～10

1～10 は、基本中の基本です。数字が大きくなったときにも 1～10 の言い方は大事ですから、しっかりと覚えましょうね。はい！リズム良く、

1～10

uno［ウーノ］「1」　　due［ドゥーエ］「2」　　tre［トレ］「3」　　quattro［クゥワットロ］「4」
cinque［チンクゥエ］「5」　　sei［セイ］「6」　　sette［セッテ］「7」　　otto［オット］「8」
nove［ノーヴェ］「9」　　dieci［ディエーチ］「10」

です。フランス語を学んだことのある人は覚えやすいのでは？　ちょっと読み方を変えたらイタリア語になりますからね（un / deux / trois / quatre / cinq / six / sept / huit / neuf / dix ［アン／ドゥ／トロワ／カトル／サンク／スィス／セト／ユイト／ヌフ／ディス］）。フランス語なんか知らな～い、って人も多いでしょうね。それでは、頭に残るようにちょっと工夫してみましょう。

uno「1」

■すでに勉強済みですね。ほら、不定冠詞でやったでしょ。男性名詞の前では un、女性名詞の前で una となるアノ不定冠詞です（第 8 章）。この不定冠詞が数字の「1」になります。後ろに名詞がつかないときには、uno というように -o をつけるのがふつうです。だって、イタリア語は母音で終わるんだもんね（第 2 章）。

due「2」/ tre「3」/ quattro「4」/ cinque「5」

■音楽か漫才を思い浮かべてみてください。二人組は「デュオ」（duo［ドゥーオ］）、三人組は「トリオ」（trio［トリィーオ］）、四人組は「カルテット」（quartetto［クゥアルテット］）、五人組は「クインテット」（quintetto［クゥインテット］）って言うでしょ（これってぜんぶイタリア語なのです）。この

最初の音（duo の du- とか trio の tri-）がそれぞれの数字に近いでしょ。ただ、quintetto は別物に見えますね。これは cinque の初めの ci- がもともと qui- だったためです。

sei「6」

■英語の〈six〉に似てますね。

sette「7」/ otto「8」/ nove「9」/ dieci「10」

■今度は、英語の月名を思い出してください。ほらっ！ 似たようなものがありましたね。そう！〈September〉「9月」/〈October〉「10月」/〈November〉「11月」/〈December〉「12月」です（ちなみに、イタリア語の9月から12月は、settembre / ottobre / novembre / dicembre）。この最初の部分がイタリア語の数字 sette / otto / nove / dieci とよく似ているでしょ。これは、英語の月名とイタリア語の数字が同じ語源からきているからなのです。月名と数字がずれているのは、ローマ時代に現在の3月（英語：〈March〉/ イタリア語：marzo）を1月としていたため、7番目の月が〈September〉（現在の9月）、8番目が〈October〉（現在の10月）、9番目が〈November〉（現在の11月）、10番目が〈December〉（現在の12月）となってしまったからです。

2. 11〜20

uno〜dieci、これで覚えましたね。では、今度は20まで見ていきましょう。

11〜20

undici[ウンディチ]「11」　dodici[ドーディチ]「12」　tredici[トレーディチ]「13」
quattordici[クゥワットールディチ]「14」　quindici[クゥインディチ]「15」
sedici[セーディチ]「16」　diciassette[ディチャッセッテ]「17」　diciotto[ディチョット]「18」
diciannove[ディチアンノーヴェ]「19」　venti[ヴェンティ]「20」

19までは、1〜9を基本としています。でも、11〜16と17〜19では、少し単語の作りが違いますね。11〜16までは、10を意味する -dici が単語の後ろにきています。

un（1）＋ dici（10）＝ un**dici**（11）
do（2）＋ dici（10）＝ do**dici**（12）

「1と10で11」、「2と10で12」となってますね。

でも、17〜19までは、10を意味する dici- が単語の前にきます。

dici（10）＋ sette（7）＝ **dici**assette（17）

基数形容詞　045

dici（10）＋ otto（8）＝ **dici**otto（18）

こっちのほうは、「10 と 7 で 17」、「10 と 8 で 18」っていうグアイになります。日本語の「じゅうなな」（17）、「じゅうはち」（18）という数え方と同じですね。

20 まで言えるようになると、会話の世界はかなり広がります。バール（bar）でお友達の分のエスプレッソ（espresso）を頼んであげることもできちゃうし、買い物をするときに値段を言われても安心ですね！

3. 21〜99

年齢が 20 歳以下の人ばかりとは限りませんから、20 以上の数字もマスターしておかないとね。

20 以上も 1〜10 が基本となります。

---30〜90---
trenta［トレンタ］「30」　quaranta［クゥアランタ］「40」　cinquanta［チンクゥアンタ］「50」
sessanta［セッサンタ］「60」　settanta［セッタンタ］「70」　ottanta［オッタンタ］「80」
novanta［ノヴァンタ］「90」

これらは、3〜9（tre〜nove）に十の位を意味する -enta（30）か -anta（40〜90）をくっつけてできていますね。

tre（3）＋ enta（10）＝ tr**enta**（30）

cinque（5）＋ anta（10）＝ cinqu**anta**（50）

ナニナニ、私はこんなキリのいい年齢じゃぁないんだけど…だって？　それじゃ、その間の数もやっておきましょう。とってもシンプルですよ。さっき覚えた十の位と 1〜9 の数字を組み合わせれば OK ですから。たとえば、35 という数字は、十の位の trenta「30」と一の位の cinque「5」を結んで trentacinque［トレンタチンクエ］「35」とします。

trenta（30）＋ cinque（5）＝ trentacinque（35）

ただ、一の位が 1 と 8 のときは、十の位の最後の母音（trenta だと -a）を落としてからくっつけるということに注意しておきましょう。

quaranta（40）＋ uno（1）＝ quarantuno［クゥアラントゥーノ］（41）

novanta（90）＋ otto（8）＝ novantotto［ノヴァントット］（98）

どうしてかって？　uno「1」と otto「8」は母音で始まっているでしょ。このままだと、quarant**au**no / novant**ao**tto というように〈母音＋母音〉という連続になってしまう…イタリア語はこの〈母音＋母音〉を嫌います（第 19 章）。そこで、十の位（quaranta / novanta）の最後の母音を落とすっていうワケです。

それと、33のように一の位がtre「3」のときは、treの最後の母音にアクセントがきますので、アクセント記号を打つのを忘れないで下さい。

trenta（30）＋tre（3）＝trentatrè（33）

---- 31～39 ----

trentuno[トレントゥーノ]「31」　trentadue[トレンタドゥーエ]「32」
trentatrè[トレンタトレ]「33」　trentaquattro[トレンタクアットロ]「34」
trentacinque[トレンタチンクゥエ]「35」　trentasei[トレンタセイ]「36」
trentasette[トレンタセッテ]「37」　trentotto[トレントット]「38」
trentanove[トレンタノーヴェ]「39」

4. 100～

次は100です。年齢で100歳を越える数を使う人はそう多くはいないでしょうが、買い物なんかでは必要になってくるときもあるのでは？

100はcento[チェント]です。そして、200から900までは、このcentoの前に2～9までの数字をつければOKです。

due（2）＋cento（100）＝duecento[ドゥエチェント]（200）
cinque（5）＋cento（100）＝cinquecento[チンクゥエチェント]（500）

---- 100～900 ----

cento[チェント]「100」　duecento[ドゥエチェント]「200」　trecento[トレチェント]「300」
quattrocento[クゥアットロチェント]「400」　cinquecento[チンクゥエチェント]「500」
seicento[セイチェント]「600」　settecento[セッテチェント]「700」
ottocento[オットチェント]「800」　novecento[ノヴェチェント]「900」

この間の数字は、百の位の数のあとにさっきおベンキョウした数をそのままくっつけてしまえば完成！　たとえば、248は200がduecentoで48がquarantottoですから、duecentoquarantotto[ドゥエチェントクゥアラントット]となります。

duecento（200）＋quarantotto（48）＝duecentoquarantotto（248）

もっとイッパイお金を持っている人のために、もう少し大きな数字も見ておきましょう…でも、ちょっとその前に数字の書き方の注意点。イタリアで算用数字を使って数字を書くときは、1.000「千」というように〈.〉を使います。これは日本では小数点を表す記号ですが、イタリアでは小数点は〈,〉を使います。イタリアと日本では反対の記号を使ってることになります。

それではあらためて 1.000。これは mille[ミッレ]です。でもこれには、複数形として mila[ミーラ]という形があります。だから、2.000 は duemila[ドゥエミーラ]となります。それでは 10.000 は？…そう、もう慣れてきましたね。diecimila[ディエチミーラ]ですね。1973 年生まれの人、自分の生まれた年を言ってみてください。millenovecentosettantatrè[ミッレノヴェチェントセッタンタトレ]。言えましたね！

　ダンテ（Dante Alighieri：1265-1321）っていう作家の名前、聞いたことありますか？ ダンテは、イタリア語にとってとても大事な人なのですよ。なぜかって？ それは、ダンテが初めてイタリアで使用する言葉についての問題提起をしたからです。
　彼の最も有名な著作である『神曲』(*La Divina Commedia*)[ラ ディヴィーナ コンメーディア] は、文学はラテン語で書くという当時の一般的な常識を打ち破り、あえて民衆の言葉であるイタリア語（フィレンツェ方言）で書かれています。この作品は、35 歳（trentacinque anni）[トレンタチンクェ アンニ] という年齢になったダンテ自身が暗い森の中をさまよいはじめて、「地獄」・「煉獄」（天国と地獄との間）・「天国」へと旅をする物語です。
　内容はともかくとして、この作品によってイタリア語の地位がグッと上がったのですから、まさにダンテは「イタリア語の父」と呼べるような人物なのです。

やってみよう！

次の数字をイタリア語で読んでみましょう。
a) 48　　　　　　　b) 99　　　　　　　c) 365
d) 53　　　　　　　e) 15.382　　　　　f) 18
g) 81　　　　　　　h) 888　　　　　　i) 1.998

（答えは 139〜140 ページにまたがってます！☞）

11 定冠詞 「不定冠詞より チョット複雑」

　イタリアバロック音楽の巨匠ヴィヴァルディ（Antonio Vivaldi：1678-1741）の代表作と言えば…『四季』ですね。聞けばすぐに、ああ、あれかと分かるはずです。で、たぶんその聞いたことのある『四季』の演奏は、1951年に結成された世界的に高い評価を得続けている**イ・ムジチ合奏団**のものだと思います。
　「ヒョッとして、イ・ムジチってイタリア語なの？」
　その通りです。I Musici[イムーズィチ]と書きますが、Musici が「音楽家」という意味で、I が**定冠詞**です…ということで、ここでようやく定冠詞の登場となります。
　不定冠詞は単数の名詞だけにつくものでしたが、定冠詞は複数名詞にもつきます。その分、ホンの少しだけカタチが増えちゃいます。

1. 定冠詞

　不定冠詞は、単数のカタチだけで男性形が un、女性形が una でしたね（第8章）。でも、**定冠詞**（英語の〈the〉）は、複数の名詞にもつきますので、男性形と女性形にそれぞれ単数と複数のカタチがあります…ってことは、そう、4種類の形があることになります。
　男性名詞につく定冠詞は、単数が il[イル]で複数が i[ィ]となります。女性名詞の場合は、単数が la[ラ]で複数が le[レ]です。

	単数	複数
男性	il	i
女性	la	le

　それでは、sedia[セーディア]「椅子」で練習してみましょう。これに定冠詞をつけると？…そう、la sedia です。複数形なら？ … le sedie[セーディエ]ですね。じゃあ、treno[トレーノ]「電車」だと？　il treno / i treni[トレーニ]ですね。

定冠詞　049

2. 定冠詞のヴァリエーション

「どうせまた、この他にもあるんでしょ」
よくお分かりで。不定冠詞と同じように、言い易くするために定冠詞にもヴァリエーションがあります。英語でも〈the〉（〈the book〉）は、母音の前では〈the〉（〈the apple〉）と発音するでしょ。それと同じことです。

単数男性の基本は il。これは、あとに続く語の最初の音が子音のときに使うものです。子音でも〈s＋子音字〉や z のときには lo［ロ］となり、母音があとに続くときは l'［ル］となります。そして il の複数形が i、lo と l' の複数形が gli［リ］となります。

女性単数の基本形 la は、あとに続く語の最初が子音のときに使います。母音のときには l' となります。女性複数形はどちらも le［レ］です。

	後に続く最初の音が	単数		複数	
男性	子音	il	il treno［トレーノ］「電車」	i	i treni［トレーニ］
	s＋子音 / z	lo	lo zio［ツィーオ］「おじさん」	gli	gli zii［ツィーイ］
	母音	l'	l'uomo［ゥオーモ（ルゥオーモ）］「男」		gli uomini［ゥオーミニ］
女性	子音	la	la sedia［セーディア］「イス」	le	le sedie［セーディエ］
	母音	l'	l'aula［アゥラ（ラゥラ）］「教室」		le aule［アゥレ］

母音があとに続く場合の l' という形は、男性形 lo と女性形 la の -o と -a が落ちた形です。

3. どんなときに定冠詞を使うの？

「性質」をあらわすだけの名詞を、具体的にするための道具が冠詞というものでしたね（第8章）。それでは、定冠詞はどのようなときにつけるのだと思いますか？

不定冠詞は、

特定しない具体的なある一つのもの（一人のヒト）

につけるものでした。これに対して定冠詞は、

（話題となっている場面で）ただ一つに決まる対象

につけます。

◇ 定冠詞：（話題となっている場面で）ただ一つに決まる対象

たとえば、ホテルのチェックインをしているときに、フロントの人が
Ecco la chiave.「こちらがカギです」
と言って部屋のカギを渡してくれました。こんなときの la chiave は、「ホテルでのチェックインをしているという場面で、（あなたが泊まる部屋のカギといった）ただ一つに決まる対象」となっていますね。だから、定冠詞を使うのです。

文を読むときは、「〈冠詞＋名詞〉の部分は、意味的にひとかたまりなのでイッキに読む」ということに注意してください。
Haruka suona il pianoforte.「はるかはピアノを弾きます」
だと、"Haruka suona il ... pianoforte." のように冠詞と名詞の間にブレスを入れて読んだりすると、とても分かりづらいものです。"il pianoforte" の部分は切らずに読みましょう。

ところで、男性単数の基本的な定冠詞が il なのに、どうして、〈s＋子音字〉や z があとに続くときに lo になるんだろう？って不思議に思いませんでしたか？ これは、冠詞と名詞をイッキに読むっていうことと深く関係しています。

イタリア語には許される子音の連続と、避けなければならない子音の連続があります。さっきの il pianoforte を例にしますと、定冠詞の最後の音 -l と名詞の最初の音 p- は、連続して -lp- と発音されます。これはイタリア語で許される子音の連続なんです。

でも、il zio の -lz- とか il specchio［スペッキィオ］の -lsp- は、イタリア語では許されない子音の連続になっちゃうのです（つまり、とても言いにくいってこと）。だから、この子音の連続を避けるために母音を挟んで、lo zio / lo specchio とするんです。このやり方は、不定冠詞のときも同じですね（uno zio / uno specchio）。

やってみよう！

次の名詞に定冠詞をつけて発音してみましょう。

a)	libro	b)	sole	c)	zio
d)	penne	e)	studente	f)	treno
g)	uomo	h)	amiche	i)	fiori

（答え？ 140 ページですよん！☞）

イタリア語は方言だらけ！

　国家という行政的な枠組みができてくると、自然とその中で共通の言葉というものが生まれてきます（というか、政治的に作られることもあります）。フランス語は、パリを中心としたイル＝ド＝フランス（Île-de-France）地方の方言、そしてスペイン語は、長崎名物カステラで有名なカスティリャ（Castilla）地方の方言が現代語の礎となっています。日本語だって、東京方言が標準語のもとになっています。

　では、イタリア語はどうかというと、14世紀のフィレンツェ方言がおおもとになっています。ただ、フランス語やスペイン語の標準語の成立はいたって政治的ですが、イタリア語は高尚に文化的なんですよ。ダンテ、ペトラルカ、ボッカッチョといったこの時代の文豪がフィレンツェ方言で作品を書いたため、この方言が特別な特権を与えられて今日に至っているのです。

　ところで、イタリアという国は、いつできたと思います？「ずっとあったんだから、『いつできた』はないんじゃないの？」なんて言われそうですが、実はそうでもないんです。

　ローマ帝国が395年に東ローマ帝国（1453年滅亡）と西ローマ帝国に分裂してから、イタリア半島にあった西ローマ帝国は476年に消滅してしまいます。それからずっ〜と近代になるまで、イタリア半島には統一した国家が存在しませんでした。ようやく1861年（日本で言えば幕末）になってイタリア王国が誕生し、統一国家ができたに過ぎないのです。

　このイタリアという国家が存在しない14世紀という時代に、ダンテが『神曲』をラテン語ではなくイタリア語（フィレンツェ方言）で書きました。続くペトラルカ、ボッカッチョも同じくフィレンツェ方言で作品を書いたことにより、この方言はイタリア半島で大きな特権を与えられることになりました。14世紀以降もこの方言がいいとかあれを取り入れればいいとか、いろいろと物議はあったものの、19世紀になってもやはりそれまで中心的であったフィレンツェ方言をベースに標準語が作られていったってわけです。

La rubrica di italiano 2

　統一国家のない中世には、政治的に「この言葉を使いなさい！」なんていう国家レベルでのお達しは当然ありませんでした。それに、お隣の都市（地方）とはだいたい仲が悪いものなので、「お隣さんが使っている言葉なんて使わないぞ！」なんていうことなどからか、かなりの方言差が生まれました。これは、日本にある方言差なんていうレベルではなく、外国語と言っても良いくらいの違いもところによっては見られます。

　イタリアの方言は、大きく分けると北部方言と中南部方言に分けることができます。この方言内にもかなりの違いがあります。さらに、違う言語とされるものとしても、サルデーニャ語・ラディン語などがあります。加えて、イタリアでは、ドイツ語（アルト・アディージェなど）・スロヴェニア語（アルピ・ジィユリィエなど）・ギリシア語（カラブリアなど）が話されている地域もあります。

　イタリアには、campanilismo（カンパニリズモ）っていうコトバがあります。これは、自分が育った大聖堂のcampanile（カンパニーレ）「鐘」が最高で誇り高いっていうことから、「郷土愛」という意味になっています。コトバの上でのcampanilismoがおらが方言ってことなんですね。

12 essere 動詞の活用と人称

　イタリア語は、"相手との親しさの度合い"によって二人称を使い分けるのでしたね。主語人称代名詞で言えば、親しい相手に対する tu と、初対面の人などに使う Lei というのがありました（第5章）。
　でも、二人称が二種類あるってことは、主語を tu と Lei のどちらを選べば良いかということだけでは済みません。動詞の活用にもふか〜く関係してくるのです！

1. 二つの二人称と動詞の活用

　「どんなふうに、ふか〜く関係してくるの？」
カンタンに言えば、tu と Lei で違う動詞のカタチを使うのです。
　「えっ!?　また違うカタチが出てくるの？」
いえいえ、違うカタチは出てきません。tu のときは二人称の動詞の形を使って、Lei のときは三人称の動詞の形を使うのです。
　「主語が二人称で、動詞が三人称…？　コレは、一体どういうこと？」

2. イタリア語の動詞の変化

　この説明の前に、イタリア語の動詞の変化にはどんなのがあるのか、ということをまずお話ししておきましょう。
　イタリア語の動詞は、辞書に載っている形（不定詞）がすべての人称で活用するのでしたね。この動詞の活用には、規則的なものと不規則なものがあります。規則的なものは、すでにおベンキョウしました。ほら、-are 動詞ってヤツです（第9章）。規則的なものには、-are 動詞の他にもあと二つくらい用意してございますが、これはあとのお楽しみにしておきましょう。

　さ〜て、次は不規則変化をする動詞ですね。規則的なものがあれば、不規則なものもある。まあ、世の中こんなもんです。

「不規則なモノなんか、どうせ仲間ハズレなんだから無視しちゃえ！」
…それはちょっと乱暴ですね。どんな言葉でも、不規則になるのは頻繁に使う動詞なのです（つまり、大事ってこと！）。動詞があまり活用変化しない英語でも、一番良く使う be 動詞だけは、〈am〉/〈is〉/〈are〉といった不規則な形があったでしょ。日本語でも、一般的な五段活用に対して、よく使う「来る」や「する」は、それぞれカ行変格活用とサ行変格活用なんていうイカメシイ名前の不規則変化をします。この例に漏れず、イタリア語の不規則変化をする動詞はどれもよく使う動詞なんですね〜。

3. essere

その代表選手が **essere**[エッセレ]「〜である」（英語でいう be 動詞）です。どれくらい不規則か、まずそのカタチをご覧あれ（英語の be 動詞と比較しながら確認してね）！

	イタリア語 単数	イタリア語 複数	英語 単数	英語 複数
一人称	sono[ソーノ]	siamo[スィアーモ]	am	are
二人称	sei[セィ]	siete[スィエーテ]	are	are
三人称	è[エ]	sono[ソーノ]	is	are

どうですか？　かなり不規則でしょ。でも、essere はとてもとても大事な動詞ですから、シッカリと覚えましょうね。

次は、essere の意味についてお話ししておきましょう。
「essere の意味だって？　そんなのわざわざ説明しなくっても分かるわよ！」
なんて言っているのが聞こえてきそうですが、ホントに分かってますか？（ちょっと高飛車に出てみました）

辞書を見てみましょう。「である」・「いる」・「存在する」・「起こる」など…とてもたくさんの意味が載っています。どれが本当の essere の意味なのでしょうか？
「そんなもの、そのたんびにテキトーに変えていきゃあいいのよ！」
ですか？　でも、それってケッコウ面倒ですよね。essere は essere っていう一つの語なんですから、いくつも意味を覚えたりするのもヘンでしょ。

そこで考えました。中心的な意味を一つだけ理解して、あとはそれを応用していくっていうやり方！　こうしておけばたくさん意味を覚えたり、その都度意味を考えたりすることも

essere　055

ないでしょ。

　ということで、essere の意味。これはちょっぴりテツガク的に「(〜として)存在する」と頭にたたき込みましょう。

◇ **essere：「(〜として) 存在する」**

Questo è Roberto.「これはロベルトとして存在する」
　　　　　　　　→「こちらはロベルトです」
Sono giapponese.「私は日本人として存在する」
　　　　　　　→「私は日本人です」

4. イタリア語の動詞の変化

　さて、忘れかけているかも知れませんが、「主語が二人称で、動詞が三人称」ってお話し（→p.54！）。まず、さっきおベンキョウした essere の活用に主語人称代名詞をつけた表をお見せしますね。

	単数		複数	
一人称	io	sono	noi	siamo
二人称	tu	sei	voi	siete
三人称	**Lei** lui lei	è	**Loro** loro	sono

　ここで注目!! 親しい呼び方の **tu** のときは動詞を二人称の sei、丁寧な **Lei** のときは三人称の è を使っています！（voi と Loro も同じ）。
　たとえば、親しい相手に京都出身なのかを尋ねるときには、
Tu sei di Kyoto?「君は京都出身なの？」
となります。でも、親しくない相手には、
Lei è di Kyoto?「あなたは京都出身ですか？」
というように、目の前の相手でも、Lei を使う相手には、lui「彼が」や lei「彼女が」と同じ三人称の動詞を使います。

Lei という相手に三人称の動詞を使うということは、Lei が目の前の生々しい相手という意識ではなく、一歩遠ざかった相手、さらにはそこに存在していないような相手（ある種のモノ）、といった感覚での扱いが感じられます。このような一歩遠ざかった言い回し、つまりプラスやマイナスといった感情のないある種のモノ的な扱いが「丁寧」といった表現となるわけです。

やってみよう！

次の空欄に適当な essere の活用形を入れましょう。
a) **Io** （　） giapponese.
b) **Tu** （　） russo.
c) **Yumi** （　） giapponese.
d) **Il posto** （　） libero.
e) **Paolo e Gianni** （　） di Firenze.
f) **Noi** （　） di Osaka.

（答えをお知りになりたい方、140 ページへ GO！☞）

13 stare

「イタリア語って主語はいらないの？」

　イタリア語を少しかじったことのある人の中には、
「イタリア語には主語なんていらない」
と思っている人がいるようです。これは、半分正解で、半分不正解といったところです。
　こんな話しを
「ご機嫌いかが？」
なんていう表現をおベンキョウしながら見ていきましょう。

1. stare

「う〜ん、調子いいな！」
なんて言うとき（英語の〈I'm fine.〉）、イタリア語では、
　Sto bene.
　［スト ベーネ］
という表現を使います。この sto は、**stare**［スターレ］という動詞が活用変化したものです。この stare も不規則変化動詞の一つ。まずそのカタチをシッカリと押さえておきましょう。

	単数	複数
一人称	sto［スト］	stiamo［スティアーモ］
二人称	stai［スタィ］	state［スターテ］
三人称	sta［スタ］	stanno［スタンノ］

　stare は、さっきおベンキョウした essere と意味がとてもよく似ています。でも stare は、essere よりも長く一定の場所や状況に「存在する」ってカンジです。ということで、stare を「(〜という状態で) ジッと存在する」としておきましょう。

◇ **stare**：「(〜という状態で) ジッと存在する」

Sto bene.「私は良い状態で**ジッと存在する**」→「（調子）いいよ」
Paolo sta seduto.（パーオロ スタ セドゥート）「パオロは座った状態で**ジッと存在する**」
　　　　　　　　→「パオロは座っている」

2. 安否を尋ねる表現

　この stare という動詞を使ったものでいちばん馴染みのあるのは、さっきやった「安否を尋ねる表現」です。
　Come stai?（コーメ スタイ）「調子どう？」
これは、英語の〈How are you?〉にあたるものです。でも、ほら、イタリア語は相手との親しさの度合いを考えなきゃならなかったですよね。Come stai? は、親しい相手に安否を尋ねる表現です。それじゃあ、目上の人なんかに「ご機嫌いかがですか？」というときは…そう、
　Come sta?（コーメ スタ）
と動詞を三人称にするのでしたね。
　相手の安否を尋ねる表現には、この他に敬称にも親称にも用いることのできる
　Come va?（コーメ ヴァ）「どうですか？」
というのもあります。
　安否を尋ねられたときに対する返答は、敬称・親称とも
　Sto bene, grazie.（スト ベーネ グラーツィエ）「元気です」
が標準的です。他にも、動詞 sto を省いて単に
　Bene, grazie.（ベーネ グラーツィエ）「良いです」
と言うときもあるでしょうし、bene の代わりに benissimo［ベニッスィモ］「とても良い」・molto bene［モルト ベーネ］「とても良い」を使うのも良いでしょう。
　続けて相手の安否を尋ねる場合、親しい相手には、
　E tu?（エ トゥ）「君は？」
です。それじゃあ、目上の人には？　…そう、
　E Lei?（エ レイ）「あなたは？」
となりますね。

3. 主語はいらないの？

　もうお気づきになられたと思いますが、
　Sto bene.「調子いいよ」

stare　059

には、主語がありませんね。じゃあ、イタリア語には主語がいらないのかというと、そうではありません。文の中にきちんとした形として現れていなくても、イタリア語には間違いなく主語はあります。ただ、英語のように主語を必ずちゃんとした形として言わなければならない、ということがないだけです。逆に、イタリア語の場合、前後の文脈で主語が誰であるかということがハッキリしているようなときには、主語を言わない方がふつうなのです。

⇒ 会話の状況や文脈で分かるときには主語を言わない

　さっきやった
　Come stai?
こんなことを尋ねる状況というのは、明らかに目の前の相手に対してですよね。こんなときに、わざわざ
　Come stai **tu**?
なんて、主語を入れて言う方が、イタリア語ではおかしな表現になってしまうのです。

4. -issimo をつけて『とても』

　bene から benissimo［ベニッスィモ］。このように形容詞・副詞のおしまいの母音を落として -issimo をつけるカタチを**絶対最上級**と言います。イカメシイ文法用語はともかくとして、他とくらべるワケじゃなく単に「非常に・とても」という意味をつけ加えるのが -issimo の役目です。

　音楽記号の *f* は forte［フォールテ］「強い」でしょ。これが「とても強く」なると *ff*（fortissimo［フォルティッスィモ］）となりますね。この -issimo が絶対最上級です。他にも、buonissimo［ブゥオニッスィモ］（buono＋issimo）「とてもおいしい」/ bravissimo［ブラヴィッスィモ］（bravo＋issimo）「とても優れた」/ altissimo［アルティッスィモ］（alto＋issimo）「とても高い」なんてカンジで自由に作ることができます。このような絶対最上級は、副詞 molto［モルト］「とても・非常に」と同じような働きをします。

　benissimo ＝ *molto* bene / bravissimo ＝ *molto* bravo / altissimo ＝ *molto* alto

【会話の状況や文脈から明らかな場合には、イタリア語では主語を言わない】

これは違った見方をすると、それだけ動詞の活用がシッカリしているということです。

イタリア語は、すべての人称で活用変化をします。だから、動詞の活用部分（おしまいのあたり）を聞けば、誰が主語であるかが分かってしまうのです。そうすると、会話なんかでは、動詞の語尾をハッキリと言わなければならなくなりますね。だって、そこがとっても大事なんだから。英語とはくらべものにならないくらいにね。

やってみよう！

次の絵の吹き出し部分に適当な文を入れましょう。

a)

> Ciao! Come Stai?

b)

> Professor' Bianchi.

> Sto bene, grazie.

（入れてみました？ 140ページで答えの例をみて！☞）

stare 061

14 形容詞
後ろから飾りましょう

　イタリアで最も人気のあるスポーツと言えば？
　「サッカーでしょ」
　そう、正解！　じゃあ、サッカーが行われる球技場のことはなんて言う？
　「…」
　ああ、残念。
　イタリア語で球技場は stadio（スターディオ）と言います。ローマにある 8 万人以上を収容する Stadio Olimpico（スターディオ オリンピコ）は、Serie A の強豪、Roma「ローマ」と Lazio「ラツィオ」のホームグラウンドです。
　ところで、この **Stadio Olimpico**。日本風に言えば？
　「"オリンピック・スタジアム"！」
　はい、正解！　では、英語だと？
　「…〈*Olympic Stadium*〉かな？」
　お見事！
　「あれっ？"オリンピック" と "スタジアム" っていう二つの単語の順番が、日本語や英語と、**イタリア語では逆**になってる！！」
　そうです、いいところに気づきましたね。

1. 後ろから飾りましょう！

　日本語では、ふつう飾るもの（形容詞）を飾られるもの（名詞）の前に置きますよね。たとえば、
　「丸いテーブル」
「丸い」という形容詞が「テーブル」という名詞の前にきています。
　これは英語もイッショですね（〈*table*〉「テーブル」の前に〈*round*〉「丸い」）。
　〈round table〉
　で、イタリア語は？　って言うと…これが反対になるんです。飾るものである rotondo［ロトンド］「丸い」を、飾られるものである tavolo［ターヴォロ］「テーブル」の**後ろに置いて**
　tavolo rotondo

「**名詞＋形容詞**」！　これがイタリア語の基本的な語順です。

⇒ 基 本 的 な 語 順 ：「 名 詞 ＋ 形 容 詞 」

2. 前から飾るのも…

　さて、基本の次は応用となります。日本語や英語のように、「**形容詞＋名詞**」ってのもあるんです。

① il giornale vecchio （イル ジョルナーレ ヴェッキィオ）
② il vecchio giornale （イル ヴェッキィオ ジョルナーレ）

giornale は「新聞」という名詞、vecchio は「古い」という形容詞です。

　① は…

「ああ、今覚えた順番でしょ」

そう、コレが基本！

　でも、② の方は…

「あれっ？　コレって反対じゃない？」

そうですね。だから応用ってワケ。

　この二つは日本語にするとどちらも「古い新聞」となりますが、指し示すものがそれぞれ少し違います。

　① の il giornale vecchio の方は、

「たくさんある新聞の中で、他のではなくその古い新聞」

といったニュアンスです。名詞の後ろにある vecchio が

【**どれかということを決めつける働き**】（**限定**）

をしています。何か調べものをしていて、

「この間の事件は、あの**古い新聞**に載っていたよね？」

なんていうときにピッタリです（"古い" ことが重要、ということですね）。

⇒「 名 詞 ＋ 形 容 詞 」： 限 定

　でも ② の il vecchio giornale の方は、新聞があってそれが単に「古い」と言っているだけです。このように名詞の前にある vecchio は、

【**ありのままに述べる**】（**叙述**）

という働きをします。パパがリビングにある新聞をパッと取って、

「昨日のサッカーの結果は…」

なんて、ブツブツ言いながら一言、

「なんだこれ、**古い新聞**じゃないか！」

形容詞　063

なんていう状況にピッタリです（見たまま"古い"、と言ってるだけですね）。

⇒「形容詞＋名詞」：叙述

　形容詞というのは、名詞を「限定」するのがソモソモの役割です。だから、イタリア語の基本的な語順を「名詞＋形容詞」としているわけなのです。

3. 名詞の前にくる形容詞

　「ん〜？前とか後ろとか、ケッコウ難しいな〜」
なんて声が聞こえてきそうですが、大丈夫！心配はいりません。形容詞が前にくるか、後ろにくるかは、形容詞そのものが持っている意味によってだいたい決まってきますから。
　特に、名詞の前にくる形容詞は、数もそれほどたくさんありません。おまけに、日常的なものばっかり。おまけもって、とっても短いんです。ボキャブラリー増強のためにも、この際少しずつ覚えちゃいましょう！

bello［ベッロ］「美しい」 ⇔ brutto［ブルット］「醜い」
buono［ブゥオーノ］「良い」 ⇔ cattivo［カッティーヴォ］「悪い」
giovane［ジョーヴァネ］「若い」/ nuovo［ヌゥオーヴォ］「新しい」 ⇔ vecchio［ヴェッキィオ］「年をとった；古い」
grande［グランデ］「大きい」 ⇔ piccolo［ピッコロ］「小さい」

ほらね、みんなスゴく短いでしょ。

　コンサートなんかで、「上出来！」なんて喝采を浴びせるとき、「ブラボ〜！」って言うでしょ。アメリカ、イギリス、ドイツ、フランス…、どこの国でも「ブラボ〜！」です。
　この「ブラボ〜！」って言葉、もとはイタリア語なんですよ（イタリア語では bravo［ブラーヴォ］と書きます）。イタリア語で bravo は、とても日常的な言葉（もちろん、「ブラボ〜！」にも使いますよ）。ってことは、bravo は名詞の前に置く形容詞となりますね（un［ウン］ **bravo** professore［ブラーヴォ プロフェッソーレ］「腕の良い先生」）。

やってみよう！

次のイラストを例にならってイタリア語にしてみましょう。

例）

un grande aereo

a)

b)

c)

（下のヒントも読みつつ！ 140 ページをお確かめ！☞）

この問題のヒントです！　よ〜く考えてみよう！

　　例の画は、「**大きな**」飛行機。
　　では、a）の画は「…」な飛行機？
　　b）、この男の子は何人？　ちなみにカレ「ボクの出身は**ニューヨーク**だよ」って言ってます。
　　c）、この男の子は何人？「お腹空いてない？　**お好み焼き**食いたいな。大阪に帰ったらうまい店があるんだけど」って言ってます。「男の子」＋形容詞でどうぞ！

形容詞　065

15 形容詞の一致
イチイチ一致

「あぁ〜、おなかペコペコ。ちょっと奮発して、おいしいイタリア料理でも食べに行こうかしら…イタリア料理はイタリアンレストランで食べるとして…あっ！そうそうイタリア語で「レストラン」は、ristorante［リストランテ］だったよね。ristorante は男性名詞で、いつもの ristorante で食べるから定冠詞をつけて il ristorante でしょ。で、「イタリアの」は italiano［イタリィアーノ］で、『後ろから飾る』んだから、il ristorante italiano！これで OK。ん!? でも今日はお給料日前だからチョットお財布が心配…レストランはやめてなじみの trattoria［トラットリーア］「トラットリア」にしておこうっと。これもイタリア語にしてみるぞ！ trattoria は -a で終わるから、女性名詞で la trattoria だよね。これに italiano をつけて、la trattoria italiano…う〜ん、なんか変なカンジなんだけどぉ…」

1. 一致

う〜ん、la trattoria italiano では、あまりおいしい食事にはありつけないかも知れませんね。la trattoria italiana でないとねぇ。
「la trattoria italiana!? 形容詞のカタチが変わってる！」
そうなんですね。イタリア語の形容詞は、飾られる名詞によって形が変わるんです。これは、英語にはあり得ないことですよね。

イタリア語の形容詞は、名詞の性質に応じて形が変わります。性質といっても、名詞が「名詞クン」なのか「名詞サン」なのか（つまり男性名詞か女性名詞か）と、名詞が**ポツン**とあるのか**群れ**をなしているのか（単数か複数か）ということがカンジンなのです。この名詞の性質によって形容詞の形を合わせることを「**一致**」と言います。

⇒ 形容詞は名詞の性質に応じて形が変わる

066　形容詞の一致

2. 形容詞の変化

　結局、形容詞は名詞の性と数の組み合わせで4種類（男性単数・男性複数・女性単数・女性複数）の形に変化します。

　　il ragazzo italian**o**　「イタリア人の少年」
　　i ragazzi italian**i**　「イタリア人の少年たち」
　　la ragazza italian**a**　「イタリア人の少女」
　　le ragazze italian**e**　「イタリア人の少女たち」

なんだか、ややこしそうに見えるかも知れませんが、名詞の単数と複数の形を思い出してみてください。

　-o で終わる男性名詞（ragazz**o**）は、複数になると -i（ragazz**i**）になりましたよね。同じように -a で終わる女性名詞（ragazz**a**）は、複数で -e（ragazz**e**）になります。この名詞の単数形と複数形のおしまいの音と、形容詞が変化する終わりの音が見事に対応してますよね。男性単数が -o（italian**o**）、男性複数が -i（italian**i**）、女性単数が -a（italian**a**）、女性複数が -e（italian**e**）ですから。

◇ **-o（男性単数）・-i（男性複数）・-a（女性単数）・-e（女性複数）**

　「じゃあ、形容詞はぜんぶ -o / -i / -a / -e って変化するの？」
残念ながら…。もっとシンプルなものがもう一種類あります。それは、男性単数が -e で終わる形容詞です。「日本人の」という giapponese［ジャッポネーゼ］がそうです（別に、「日本人」が「イタリア人」よりシンプルということではありませんよ）。

　　il ragazzo / la ragazza giappones**e**　「日本人の少年・少女」
　　i ragazzi / le ragazze giappones**i**　「日本人の少年たち・少女たち」

giapponese のように、男性単数が -e で終わる形容詞は、名詞の数（単数か複数か）によって変化するだけです。単数が -e（giappones**e**）で複数が -i（giappones**i**）になるのですね。

◇ **-e（単数）・-i（複数）**

　男性単数が -o で終わる形容詞と、-e で終わるもののカタチをまとめたものが下の表です。

	男性単数	女性単数	男性複数	女性複数
-o	italian**o**	italian**a**	italian**i**	italian**e**
-e	giappones**e**	giappones**e**	giappones**i**	giappones**i**

辞書には、男性単数の形（italiano / giapponese）だけが載っているだけなのですね。

3. ちょっと不規則な変化

第14章で『名詞の前にくる形容詞』ってのをおベンキョウしましたが、この形容詞のいくつかは、さっきの変化とちょっと違う形を持っています。

☆ bello［ベッロ］「美しい」は、男性の形に注意！　よ〜く見ると、定冠詞の変化と似ているでしょ。

	後に続く最初の音が	単数		複数	
男性	子音	ベル bel	クゥアードロ quadro「美しい絵」	ベイ bei	クゥアードリ quadri
	s＋子音 / z	ベッロ bello	スカッファーレ scaffale「美しい本棚」	ベッリ begli	スカッファーリ scaffali
	母音	ベッル bell'	アルベロ albero「美しい木」		アルベリ alberi
女性	子音 / 母音	ベッラ bella	ドンナ donna「美しい女性」	ベッレ belle	ドンネ donne

女性単数形 bella は、あとに a- で始まる名詞が続くとき、bell' となることがあります（una bell'amica / una bella amica「1人の美しい女友達」）。
bello は叙述的意味を持つので、名詞の前に置かれることが多いのですが、限定的意味で名詞のあとに置かれるときは、ふつうの -o で終わる形容詞と同じように、bello / belli / bella / belle という変化となります（il tavolo bello「美しいテーブル」）。

☆ Buongiorno! でおなじみの形容詞 buono［ブゥオーノ］「良い」は、不定冠詞と同じような変化をします。

	後に続く最初の音が	単数		複数	
男性	子音・母音	ブゥオン buon	リストランテ ristorante「良いレストラン」	ブゥオーニ buoni	リストランティ ristoranti
	s＋子音 / z	ブゥオーノ buono	ツィーオ zio「善良な叔父」		ツィーイ zii
女性	子音	ブゥオーナ buona	ドンナ donna「善良な女性」	ブゥオーネ buone	ドンネ donne
	母音	ブゥオン buon'	オーペラ opera「良いオペラ」		オーペレ opere

最近ではあとに〈s＋子音字〉や z で始まる男性単数の名詞が続いても buono ではなく buon を使う傾向があります（un buon zio「1人の**善良な叔父**」）。また、女性単数形も、後ろに母音で始まる語がきても una buona opera「1つの**良いオペラ**」と buona を使うことがあります。

4. 指示形容詞

もう一ついでに、人やものを指し示す**指示形容詞**ってのもおベンキョウしておきましょう。近くのものを指すのが questo［クゥエスト］「この」（英語の〈*this*〉）で、遠くのものが quello［クゥエッロ］「あの」（英語の〈*that*〉）です。指示形容詞は必ず名詞の前に置きます。

◇ **questo**「この」（英語の〈*this*〉）
◇ **quello**「あの」（英語の〈*that*〉）

questo は -o で終わる形容詞と同じように変化します。

	単数		複数	
男性	questo［クゥエスト］	cesto［チェスト］「このかご」	questi［クゥエスティ］	cesti［チェスティ］
女性	questa［クゥエスタ］	finestra［フィネストラ］「この窓」	queste［クゥエステ］	finestre［フィネストレ］

quello は、定冠詞のような変化をします。

	後に続く最初の音が	単数		複数	
男性	子音	quel［クゥエル］	tipo［ティーポ］「あのネズミ」	quei［クゥエィ］	tipi［ティービ］
男性	s＋子音／z	quello［クゥエッロ］	scaffale［スカッファーレ］「あの本棚」	quegli［クゥエッリ］	scaffali［スカッファーリ］
男性	母音	quell'［クゥエッル］	allievo［アッリィエーヴォ］「あの生徒」		allievi［アッリィエーヴィ］
女性	子音	quella［クゥエッラ］	pecora［ペーコラ］「あの羊」	quelle［クゥエッレ］	pecore［ペーコレ］
女性	母音	quell'［クゥエッル］	anatra［アーナトラ］「あのアヒル」		anatre［アーナトレ］

ここで、**i** ragazz**i** italian**i** / **la** ragazz**a** italian**a** / **le** ragazz**e** italian**e** のイタリック部分を注意してもう一度読んでみてください。心地よい響きだと思いませんか？　ナニがって？　単語の終わりがぜんぶ同じ音で終わっているじゃないですか！　気持ち良いくらいに。一流の文学や音楽がイタリアで生まれるのには、このような美しい言葉の響きが大いに関係しているのですね。

やってみよう！

次の形容詞の男性複数形、女性単数形、女性複数形を言ってみましょう。

- a) libero
- b) giapponese
- c) italiano
- d) straniero
- e) cinese
- f) russo
- g) francese
- h) inglese
- i) rotondo

（140〜141ページに答えがありますよ！）

16 補語

「マタマタ一致？」

　ティレニア海（Mare Tirreno）に浮かぶカプリ島（Isola di Capri）には、自然が生み出した芸術作品とでも言うべき「青の洞窟」があります（カプリ島は、ナポリからフェリーで約80分）。

　この「青の洞窟」という呼び方は、イタリア語の La Grotta Azzurra をそのまま訳したもの。grotta が「洞窟」で、azzurra が「青い」という意味です。grotta という女性名詞を中心に、女性定冠詞の la が使われ、形容詞 azzurro が azzurra と一致する…ぜんぶの単語が -a で終わっていて、調和のとれた美しい響きを生み出していると思いませんか？

1. 補語って？

　La Grotta Azzurra「青の洞窟」では、azzurro「青い」という形容詞が名詞である grotta「洞窟」の性と数に一致しています（第15章）。それでは、
「洞窟が青い」
ってのは、どうなると思います？　実は、これも**一致**しちゃうんです。主語である名詞の性と数に、補語である形容詞が…。
「えっ！"補語"である形容詞って??　いまさら、"補語"なんて言葉、使わないで！」
なんて声が聞こえてきそうですね。でも、形容詞の一致を理解するのに、"補語"って欠かすことのできない考え方なんです。それに、分かってしまえば、"補語"なんて、とてもカンタンに思えてくるはずです。

　La grotta è azzurra.「洞窟が青い」
コレを使って、ゆっくりと説明してみましょう。

　文の中で、「誰が・何が」というものが**主語**ですね。この文では、grotta「洞窟」が主語になっています。これに定冠詞をつけてまず出発です。
　　La grotta...
　次に、動詞は essere を使うのですが、活用させなければなりません。主語が la grotta という三人称で単数ということは…そうです！è ですね（第12章）。

補語　071

La grotta è...
最後に、
「それがどうなの？」
というと、
「青い」
んですから、形容詞 azzurro の出番です。

　カンタンに言うと、この「どうなの？」が 補語 なのです。azzurro が、主語である la grotta を補っていますよね。「主語を 補う語 」、だから「補語」って言うんです！ いたって単純！

⇒ 補 語 ： 主 語 を 補 う 語

2. マタマタ一致？

　補語の役目は、主語を補うってこと。主語を 会社の社長 にたとえながら、「補語が主語の性と数に一致する」ということを説明してみましょう。主語が社長なら、それを補う補語は 会社の社員 といったところ。社員は、社長さんの性格にいつもビクビク。社長に合わせなきゃ、クビになっちゃいますからね。

　「洞窟が青い」の場合、社長はなんと女性（「洞窟」は女性名詞ですから）。社員の azzurro「青い」は、女社長である grotta「洞窟」のキッツ〜イ性格、
「社長は私一人よ！」（女性で単数！）
に合わせなきゃなりません。ってことで、azzurra となっちゃうんです。
　La grotta è azzurra.
　これが
【主語である名詞の性と数に、補語である形容詞が一致する】
ということなのです。

⇒ 主 語 の 性 と 数 に 補 語 が 一 致 す る

3. 指示代名詞

　でも社長も、ときには社員の性格に合わせちゃうことがあります。それは、
「これは〜です」・「あれは〜です」
といった、主語が 指示代名詞 となるときです。「これ」とか「あれ」っていうのは、人やものを指し示しますね。だから、指示代名詞って言います。第15章でおベンキョウしたのは、指示形容詞でした。この名詞ヴァージョンが指示代名詞です。

イタリア語には、近いものを指す questo「これ」と遠いものを指す quello「あれ」という二つの指示代名詞があります。

◇ **questo**「これ」（英語の〈*this*〉）
◇ **quello**「あれ」（英語の〈*that*〉）

指示代名詞の形の変化は、<u>-o で終わる形容詞</u>と同じです。

	questo		quello	
	単数	複数	単数	複数
男性	quest**o**	quest**i**	quell**o**	quell**i**
女性	quest**a**	quest**e**	quell**a**	quell**e**

この指示代名詞が主語となるときには、社員がワガママを通しちゃいます。社員である補語の性と数によって、主語である指示代名詞はカタチを変えなきゃならないんです。

次に、例文をあげておきますので、ジックリと確認してください。

Quest**o** / Quell**o** è un ragazzo.「これ・あれは少年です」
Quest**i** / Quell**i** sono due ragzzi.「これ・あれは二人の少年です」
Quest**a** / Quell**a** è una penna.「これ・あれはペンです」
Quest**e** / Quell**e** sono due penne.「これ・あれは二本のペンです」

「私たちはイタリア人です」
これをイタリア語にしたら？
「"Noi siamo italian**i**." でしょ！…えっ、でも、"Noi siamo italian**e**." ってこともあるよね？」
そうですね。noi「私たち」が "二人以上でぜんぶ男"（Noi siamo italian**i**.）だけじゃなく、"二人以上で女ばっかり"（Noi siamo italian**e**.）のときもありますからね。
「じゃあ、"二人以上で男と女" だとどうなるの？ 男が多いときは男性で、女が多いときは女性？」
…これだと男女平等で、何も言うことはないのですが、残念ながら、イタリアにおける言葉の世界では男尊女卑がまかり通るのです。
"二人以上で男と女" のときは、**男性形**を使って、
　Noi siamo italian**i**.
"男1人、女99人" でもこうなります。

「なによ、それ〜、ヒドイわね！」
ほんとにヒドイ!! って僕も思ってますよ…でも、言葉の世界の単なる決まり事みたいなものですから、気にしない、気にしない。「イタリア人」(italiano)だからムッとするだけで、「日本人」(giapponese)なら、どってことないんだから…。

やってみよう！

次の日本語をイタリア語にしてみましょう。
a）こちらはアンナです。
b）マリアはイタリア人です。

（ちなみにカヴァーはクララさんです☞ p. 141 !）

17 疑問文・否定文

疑問は " ? "、否定は " non "

少しずつ文が作れるようになってきたでしょ。ここで、相手に何かを尋ねる言い方（疑問文）と、「そうじゃない」っていう言い方（否定文）をまとめておベンキョウしておきましょう。

イタリア語は、基本さえ押さえておけば、疑問文も否定文もカンタンです！

1. 疑問は " ? "

まず、
「僕はイタリア語を話す」
をイタリア語にしてみましょう。
「話す」は parlare という -are 動詞を使うんだけど、「僕」が主語なので…そう！ **parlo** ですね。それに italiano「イタリア語」をつけて

　Parlo italiano.
　パールロ イタリィアーノ

ほら、できた！
それじゃあ、今度は、
「君はイタリア語を話す？」
と、尋ねてみることにしましょう。主語は「君」という目の前にいる親しい話し相手。parlare を活用させて **parli** …ん！ 疑問文にするのはどうしましょう？
答えはカンタン。書けば、

　Parli italiano?
　パールリ イタリィアーノ

" ? " をつけるだけ！　声に出して言うときは、尋ねるような気持ちで文の終わりを上げればOK です。これは、日本語と同じですよね。日本語も肯定文の終わりを上げ調子で言うと、疑問文になるでしょ。英語みたいに、〈speak〉「話す」が一般動詞だから、助動詞〈do〉をつけて、

　〈Do you speak Italian?〉

な〜んて、メンドーなことは不要です。

質問されて、「そうだよ」って答えるときは、**Sì.** です。発音のところで練習したように

疑問文・否定文　075

（第3章）、［シ］ではなく、［スィ］と言うのでしたね。

「違うよ」ってのは、**No.** です。これは英語と同じですね。

⇒ 疑問は "？"

2. 否定は "non"

それではもう一つ。

「僕はイタリア語を話さない」

というのは、どうでしょうか？

これもカンタンです。

　　ノン　パールロ　イタリィアーノ
Non parlo italiano.

というように、動詞の前に **non** をつけるだけ。これで**否定文**に早変わり！

またまた、英語の悪口を少し言っておきましょう。英語でこの文を否定文にするには、〈speak〉が一般動詞なので、助動詞〈do〉に否定の〈not〉をつけて、

〈I don't speak Italian.〉

としなければなりません。この文の主語が〈Steven〉「スティーヴン（君）」だったら、主語が三人称単数になるから、〈do〉が〈does〉になって、

〈Steven doesn't speak Italian.〉

…と、とってもメンドーですね。

⇒ 否定は "non"

イタリア語は、疑問文も否定文もとってもシンプル。疑問は "？"、否定は "non" です。

3. 疑問詞を使った疑問文

会話では、「いつ？」・「どこ？」・「なに？」といった**疑問詞**をよく使います。疑問詞さえ聞き取れれば、他のところがぜんぶ分からなくっても、相手がなにを聞いているのかは大体分かるもんです。…ってことは、逆に、疑問詞を知らないと、なにを聞かれているのかが分からないってことになっちゃいます。疑問詞の使い方は、シッカリとマスターしないとね。

【疑問は "？"】

コレは、ふつうの疑問文の作り方。でも、疑問詞を使った疑問文の作り方は、少し違います。

「ひまわり」を使って考えてみましょう。あ、そうそう、「ひまわり」は、イタリア語でも

「ひまわり」"girasole"[ジラソーレ]なんですよ（gira（girare）が「まわる」で、sole が「日（太陽）」）。
　コレを使って
　「ひわまりって何だっけ？」
っていう疑問文を作ってみましょう。
でも、いきなり疑問文を作るのではなく、もとの文
　「ひまわりって○○だ」
っていう文からまず考えてみましょう。
　Il girasole è ○○.「ひまわりは○○です」
これがもとの文ですね。
この○○のところに、「なに？」を意味する **che cosa**[ケ コーサ]を入れます。
　Il girasole è che cosa.（モチロン、こんな文はありませんよ）
次に、疑問詞を文の最初に持ってきます。
　Che cosa il girasole è.（まだ完成じゃありませんよ）
そして、主語（il girasole）と動詞（è）をひっくり返す！
　Che cosa è il girasole?（これで、できあがり）
「くどい説明ねぇ」
なんて言われそうですが、まあ、要するに、疑問詞のある疑問文の作り方は、
　【もとの文の疑問詞を文の最初に持ってきて、主語と動詞をひっくり返す】
ということなのです。この仕組みを理解してもらうために、ちょっとくどくなったってワケです。

　ところで、「ひまわりって何だっけ？」の答えは、常識的には「花です」でしょうが、イタリア的には、
　È un film celebre.「すばらしい映画です」
ですね（映画『ひまわり』のタイトルは複数形で "I Girasoli"）。Sophia Loren と Marcello Mastroianni の名演技が涙を誘います（Vittorio De Sica 監督作品）。

　次に、今やった疑問詞の疑問文の作り方を使って、
　「だれが"はるか"なの？」
というのもやってみましょう。
　もとの文は
　○○ è Haruka.「○○が"はるか"です」
この○○のところに「だれ？」を意味する疑問詞 chi[キ]を入れます。
　Chi è Haruka?
あれ？ できちゃいましたね。疑問詞を文の最初に持って行くといっても、最初から先頭に

疑問文・否定文　077

ありますし、主語と動詞をひっくり返すといっても主語が疑問詞なんですからひっくり返しようがないですからね。
　もとの文の主語に疑問詞を使うとき（主語を尋ねるとき）は、そこに疑問詞を入れるだけで疑問文ができちゃうんですね。

4. 疑問詞

　さっきおベンキョウした che cosa「なに？」や chi「だれ？」は、日常良く使う代表的な疑問詞です。これ以外にも、イタリア語には多くの疑問詞があります。いっぺんに覚えることはありませんが、少しずつ自分のものにしていってください。

　まず、尋ねる部分が**名詞**のもの。

　　`chi` [キ]：「**だれ？**」（英語の〈who〉）

　　`che` [ケ]：「**なに？**」（英語の〈what〉）
　　　che cosa / cosa も「なに？」という意味になります。

　　`quale` [クゥアーレ]：「**どれ？**」（英語の〈which〉）/「**なに？**」（英語の〈what〉）
　　　quale は、それが表す名詞の数によって quale（単数）・quali（複数）と形が変わります。
　　　　クゥアーレ エ イル プレッツォ ディ クゥエスト リーブロ
　　　　Quale è il prezzo di questo libro?「この本の価格は**どれくらいですか？**」

　　`quanto` [クゥアント]：「**何人・いくつ？**」
　　　quanto は、それが表す名詞の性と数によって quanto（男性単数）・quanti（男性複数）・quanta（女性単数）・quante（女性複数）と形が変わります。でも、今は次の二つを覚えておけば良いでしょう。
　　　・quanto「いくら？」（Quanto? だけでも OK。）
　　　　　クゥアント コスタ クゥエスト リーブロ
　　　　　Quanto costa questo libro?「この本は**おいくらですか？**」
　　　・quanti「何人？」
　　　　　クゥアンティ スィエーテ
　　　　　Quanti siete?「君たちは**何人**ですか？」

　次は、尋ねる部分が**形容詞**のもの。

　　`che` ：「**なにの？**」（英語の〈what〉）

Che ora è?「今何時ですか？」
_{ケ オーラ エ}

- **quale**：「どの？」（英語の〈*which*〉）= che「なにの？」

- **quanto**：「何人の・いくつの？」（英語の〈*how many*〉/〈*how much*〉）
Quante persone invita?「あなたは何人招待するのですか？」
_{クゥアンテ ペルソーネ インヴィータ}

quale と quanto は、あとに続く名詞の性と数によって形が変わります。

最後に、尋ねる部分が**副詞**のもの。

- **come** [コーメ]：「どのような？」（様態）（英語の〈*How*〉）
Come stai?「調子どう？」でおなじみ。
_{コーメ スタイ}

- **quando** [クゥアンド]：「いつ？」（時）（英語の〈*When*〉）
Quando canta la canzone?「あなたはその歌をいつ歌うのですか？」
_{クゥアンド カンタ ラ カンツォーネ}

- **dove** [ドーヴェ]：「どこ？」（場所）（英語の〈*Where*〉）
Dove abita?「あなたはどこにお住まいですか？」
_{ドーヴェ アービタ}

- **quanto**：「どれくらい？」（数量）
Quanto sei alto?「君はどれくらいの身長ですか？」
_{クゥアント セィ アルト}

- **perché** [ペルケ]：「なぜ？」（理由）（英語の〈*Why*〉）
Perché parli italiano?「なぜイタリア語を話すの？」
_{ペル ケ パールリ イタリアーノ}

perché という疑問詞。これは per「〜ために」という前置詞と、che「なに？」という疑問詞が合体してできたものです（「なにのために」、だから perché「なぜ？」）。

ところで、英語だと〈*Why*〉「なぜ？」と聞かれると、〈*Because*〉「なぜなら」で答えますが、perché「なぜ？」って聞かれたら、なんて答えれば良いと思います？

答えはカンタン。perché「なぜ？」って聞かれたら、perché「なぜなら」って答えればいいんです。たとえば、

Perché amo l'Italia.「なぜならイタリアを愛しているからです」
_{ペル ケ アーモ リターリィア}

ってカンジでね。でも、日常会話なんかでは、もっとシンプルに

Amo l'Italia.「イタリアを愛してるんでねえ」

と、Perché を省略して答えることもよくあります。

疑問文・否定文　079

やってみよう！

a)～e)の空欄に適当な疑問詞を下から選んで入れてみましょう。また、その答えとしてふさわしいものを①～⑤の中から選んでみましょう。

a) (　) stai?　　　　　　　① Una amica di Osaka
b) (　) è Haruka?　　　　　② Sono di Venezia.
c) Di (　) sei?　　　　　　 ③ Oggi.
d) (　) arriva a Milano?　　 ④ 10 euro.
e) (　) costa questa penna? ⑤ Benissimo, grazie.

　　come　　chi　　quando　　dove　　quanto

（答えを知りたい方は 141 ページ！）

18. -ere 動詞・-ire 動詞
-are 動詞と ちょっとだけ違う

　不規則変化動詞の代表、essere（第 12 章）のところで予告したように、規則動詞には、-are 動詞（第 9 章）の他にもう二つほどございます。
　「ヘ？そうだったっけ？」
はい！　-ere 動詞と -ire 動詞っていうのがあります。これをマスターすれば、規則動詞のおベンキョウもひと段落です。

1. -ere 動詞と -ire 動詞

　動詞の不定詞には、第 9 章でとりあげた mangiare / cantare のように -are で終わるもの（-are 動詞）の他に、-ere（**-ere 動詞**）と -ire（**-ire 動詞**）で終わるものがあります。chiedere［キィエーデレ］「尋ねる」・prendere［プレンデレ］「とる」・temere［テメーレ］「恐れる」なんかが -ere 動詞で、aprire［アプリーレ］「開ける」・dormire［ドルミーレ］「眠る」・offrire［オッフリーレ］「提供する」なんかが -ire 動詞です。
　「-ere 動詞と -ire 動詞は、-are 動詞と同じ活用変化でありますよ～に」
なんて期待しちゃいますが、残念ながらソックリ同じというわけにはいきません。少しだけ違います。ホンの少しだけね。

　まず、-ere 動詞の prendere と、-ire 動詞の offrire のカタチを見てもらいましょう。

prend-		
	-o	（一人称単数）
	-i	（二人称単数）
	-e	（三人称単数）
	-iamo	（一人称複数）
	-ete	（二人称複数）
	-ono	（三人称複数）

offr- ┬ -o （一人称単数）
      ├ -i （二人称単数）
      ├ -e （三人称単数）
      ├ -iamo （一人称複数）
      ├ -ite （二人称複数）
      └ -ono （三人称複数）

どうですか？ ほとんど -are 動詞とイッショでしょ。チョッピリ違うだけですね。どこが同じで、どこが違うかをチェックしてもらうために、三つの動詞の活用部分だけをピックアップしてみましょう。

	単数			複数		
	-are	-ere	-ire	-are	-ere	-ire
一人称	-o			-iamo		
二人称	-i			-ate	-ete	-ite
三人称	-a	-e		-ano	-ono	

すべてに共通するのは、一人称単数の -o、二人称単数の -i、そして一人称複数の -iamo です。-are 動詞が他の二つと違うのは、三人称単数（-are 動詞が -a、-ere / -ire 動詞が -e）と三人称複数（-are 動詞が -ano、-ere / -ire 動詞が -ono）となります。すべて違うのは、二人称複数だけですね。とりあえず一つ覚えて、あとはソレの応用というやり方でいきましょう。

2. もう一つの -ire 動詞

「これで規則動詞はマスターしたぞ！」
っていきたいところですが、-ire 動詞には、もう一つ違うパターンが…。capire［カピーレ］「分かる」がこの活用変化になります。

```
        ┌ -isco    (一人称単数)
        │ -isci    (二人称単数)
        │ -isce    (三人称単数)
cap-    ┤ -iamo    (一人称複数)
        │ -ite     (二人称複数)
        └ -iscono  (三人称複数)
```

なにやら、全然違うモノが登場したように思えるかも知れませんが、さっきの offrire とよ〜く見くらべてください。一人称複数の -iamo と二人称複数の -ite は同じですね。違うのはそれ以外の人称なんですけど、offrire のときの活用語尾の前に、-isc- が加わっているだけですね。コレがもう一つの -ire 動詞のパターンなんです。

こんなふうに、-ire 動詞には、ふつうに変化するもの（offrire など）と、-isc- が入って活用するもの（capire など）があるのです。ただ、-ire 動詞がどちらのパターンの変化になるかは、不定詞を見ただけでは分かりませんから、そのつど覚えるしかありません。ちなみに、finire［フィニーレ］「終わる」や spedire［スペディーレ］「送る」が -isc- パターンの動詞となっております。

3. 規則動詞のアクセントの位置

ここで、規則動詞のアクセントの位置を確認しておきましょう。

-are 動詞の不定詞のアクセントは、「おしまいから二番目の母音」だったでしょ（第9章）。-ire 動詞もイッショです。aprire［アプリーレ］/ capire［カピーレ］のように -i- にアクセントがあります。

でも、-ere 動詞の不定詞は、必ずしも後ろから二番目の母音である -e- にアクセントがくるとは限りません。temere［テメーレ］「恐れる」だとおしまいから二番目の母音である -e- にアクセントがありますが、chiedere［キィエーデレ］「尋ねる」はおしまいから三番目の母音である -e- にアクセントがあります。-ere 動詞が出てきたときは、アクセントの位置にも注意しておきましょう。

⇒ -ere 動詞の不定詞はアクセントに注意

活用形は、一人称単数のアクセントの位置をまず覚えるのでしたね（第9章）。prendere だと prendo［プレンド］、dormire だと dormo［ドールモ］、capire だと capisco［カピスコ］です（-are 動詞の一部を除いてだいたいおしまいから二番目の母音にアクセントがあります）。

-ere 動詞・-ire 動詞   083

各人称の単数と三人称複数は、これと同じ位置にアクセントを置きます（prendi[プレンディ] / prende[プレンデ] / prendono[プレンドノ]、dormi[ドルミ] / dorme[ドルメ] / dormono[ドールモノ]、capisci[カピッシ] / capisce[カピッシェ] / capiscono[カピスコノ]）。一人称と二人称の複数は、活用部分である -iamo[ィアーモ] / -ate[アーテ] / -ete[エーテ] / -ite[イーテ] にアクセントがきます（prendiamo[プレンディアーモ] / prendete[プレンデーテ]、dormiamo[ドルミィアーモ] / dormite[ドルミーテ]、capiamo[カピィアーモ] / capite[カピーテ]）。

4. 少しだけカタチが変わるもの

「はい、わかりました！　それじゃ次の話題に行きましょう！」
といきたいところですが、もうちょっとのシンボーです（少し涙目になってたりして）。

-nere / -lire で終わるもの

rimanere[リマネーレ]「〜のままである」や salire[サリーレ]「登る」など、-nere / -lire で終わる動詞は、一人称単数と三人称複数で -g- が挿入されます。

	rimanere 単数	rimanere 複数	salire 単数	salire 複数
一人称	rimango[リマンゴ]	rimaniamo[リマニィアーモ]	salgo[サルゴ]	saliamo[サリィアーモ]
二人称	rimani[リマーニ]	rimanete[リマネーテ]	sali[サーリ]	salite[サリーテ]
三人称	rimane[リマーネ]	rimangono[リマンゴノ]	sale[サーレ]	salgono[サルゴノ]

-cere / -gere で終わるもの

-are 動詞で -care / -gare で終わるものは、二人称単数と一人称複数でカ行（ガ行）の音を保つために h を入れましたが（第9章）、-ere 動詞の -cere / -gere（vincere[ヴィンチェレ]「勝つ」/ leggere[レッジェレ]「読む」）は、規則通りに活用します（vinco[ヴィンコ] / vinci[ヴィンチ] / vince[ヴィンチェ] / vinciamo[ヴィンチャーモ] / vincete[ヴィンチェーテ] / vincono[ヴィンコノ]）。

動詞の活用がシッカリしているということは、主語をキチンとした形としてあまり言わなくても良いってこと以外に、語順がある程度自由になるっていうメリットもありま

す。

　offrie という動詞は、「（食事などを）ごちそうする」という意味にも使いますが、少しフトコロに余裕のあるときには、かっこ良く

　　Io offro.「僕がおごるよ」
　　<small>イーオ オッフロ</small>

なんて言ってみたいですね。ふつうに言うとこうなんですが、

　　Offro io.
　　<small>オッフロ イーオ</small>

と動詞を先に言うこともできます。どちらも主語を明示しているので、「僕が」ということを強調していることに違いはないのですが（こういうときには、強く言っても許されるでしょう！）、主語を動詞の後ろに置く Offro io. の方が、より主語を強調しているように聞こえます。

　英語で、動詞のあとに主語がくるなんていうことは、疑問文でない限りあり得ませんよね。イタリア語は、英語よりも遥かに語順が自由になる言語です。これも動詞の活用がハッキリしているからですね。

やってみよう！

（　）を主語にして言い換えてみましょう。
a) Maria scrive una lettera.（Io）
b) Io prende l'autobus.（Voi）
c) Maria apre la porta.（io）
d) Voi partite per Napoli.（noi）

（141 ページで答えをカクニン！☞）

-ere 動詞・-ire 動詞

19 序数形容詞「一皿目、二皿目…」

　イタリアのレストラン（ristorante[リストランテ]）では、スープ（zuppa[ズッパ]）・パスタ（pasta[パスタ]）・リゾット（risotto[リソット]）などの primo piatto[プリーモ ピィアット]「一皿目」のあと、魚や肉などのメインディッシュである secondo piatto[セコンド ピィアット]「二皿目」を順序よく注文するのが一般的です。
　ウエイター（cameriere[カメリィエーレ]）に
　Come primo / secondo?「一皿目・二皿目は何になさいますか？」
なんて聞かれたら、
　Io prendo ～.「～にします」
　　イーオ プレンド
と答えてみましょう！　これに前菜（antipasto[アンティパスト]）を加えて、ワイン（vino[ヴィーノ]）を飲みながら、食後にチーズ（formaggio[フォルマッジョ]）かケーキ（dolce[ドルチェ]）を食べたりなんかすると、もうお腹がパンパンになっちゃいます。

1. primo と secondo

　イタリア料理で使われる primo piatto の primo と secondo piatto の secondo は、それぞれ「1番目の」と「2番目の」という順序を表す**序数形容詞**というものです（英語の〈first〉と〈second〉）。形容詞ですから…そう！　一致するのですね。飾られる piatto「お皿」が「名詞クン」（男性単数）なので、primo / secondo となっているのです。

2. terzo ～ decimo

　じゃあ、「名詞サン」（女性名詞）がくる例を考えてみましょう。そうですね…何度も出てきた「人称」（persona[ペルソーナ]）でやってみましょう！　「一人称」は… prima persona、「二人称」は… seconda persona、「三人称」は… terza persona です。これで三番目までいきました。
　続きは…っと…うん、ベートーベンの交響曲（sinfonia[スィンフォニーア]）が良いかな？　第4交響曲が quarta sinfonia、第5交響曲が quinta sinfonia（♪ジャジャジャジャ～ン♪の

『運命』)、第6交響曲が sesta sinfonia (『田園』)、第7交響曲が settima sinfonia、第8交響曲が ottava sinfonia、第9交響曲が nona sinfonia (年末によく大勢で歌う、いわゆる『第九』)、第10交響曲 decima sinfonia…ああこれは失礼！　ベートーベンの交響曲は9番まででした。…でも余談ですが、もしベートーベンが交響曲第10番を作っていたら？　ってことで強引に何かをもとにして完成させたのを以前に聞いたことがあるような気がするんですが…まっいいっか！　イタリア語に関係ないしね。

とりあえず、1番から10番まで登場しました！　では、覚えてみましょう！

第一番目〜第十番目

primo［プリーモ］　secondo［セコンド］　terzo［テールツォ］　quarto［クゥアールト］
quinto［クゥイント］　sesto［セスト］　settimo［セッティモ］　ottavo［オッターヴォ］
nono［ノーノ］　decimo［デーチモ］

---

3. undicesimo 〜

「11番目の」からは、ふつうの数字の最後の母音を落として -esimo をつけます。

11　undicesimo［ウンディチェーズィモ］（undici ＋ esimo）
15　quindicesimo［クゥインディチェーズィモ］（quindici ＋ esimo）
24　ventiquattresimo［ヴェンティクゥアットレーズィモ］（ventiquattro ＋ esimo）

じゃあ、この章は？　そう！　diciannovesimo［ディチアンノヴェーズィモ］ですね。

アルファベットで書くと長くなるので、男性形には º、女性形なら ª をアラビア数字の右肩につけることもできます。「5世紀」は 5º secolo［クゥイント セーコロ］、「第7課」は 7ª lezione［セッティマ レツィオーネ］と書きます。

4. 母音はまたがって重なるのをイヤがる

コトバってのは、言いやすいようにだんだん変化するものです。特に話し言葉なんかではそうですよね。
『昨日からイタリア語の本を**読んでいる**』
というのが書くときの標準だとしても、実際には
『昨日からイタリア語の本を**読んでる**』
というように、『読んでいる』を『読んでる』と言うことが多くありませんか？　yonde-「読んで」という部分が母音で終わっていて、-iru「いる」も母音で始まっています。「これ

序数形容詞　087

は言いにくい」ってことで、-iru「いる」の最初の母音 -i- を落として、yonderu「読んでる」にしてるんですね。

イタリア語もこの〈母音＋母音〉という連続を避けようとします。たとえば、女性単数定冠詞の la。この次に母音で始まる女性名詞 allieva［アッリィエーヴァ］「女子学生」なんかが続くと、l'allieva［ラッリィエーヴァ］というように、最初の単語である定冠詞 la のおしまいの母音 -a が落ちてしまいますよね（la allieva と言ってみてください。言いにくいでしょ）。「母音を落としましたよ」というしるしが省略記号［'］(apostrofo アポストロフォ) です。

母音が続くとき、母音を一つ落とすというのは日本語と同じですよね。でも、日本語は後に続く単語の最初の母音を落としますが、イタリア語は前にある単語のおしまいの母音を落とすのです。

⇒〈母音＋母音〉という連続を避ける

5. ルールとオプション

【〈母音＋母音〉を避ける】というのは、シッカリとルールになっているのもあれば、オプションとなっているものもあります。

さっきの定冠詞なんかはルールになっているものですよね。母音で始まる語が続くと必ず l' となりますから（男性単数の形も l'（l'allievo［ラッリィエーヴォ］「男子学生」）となります。これは、lo の -o が落ちたものです）。この他、D'accordo.［ダッコールド］（Di＋accordo）「オーケー」、anch'io［アンキーオ］（anche＋io）「私も」などのよく使うフレーズは、母音を落とした形が用いられます。

これとは違って、母音を落とすのがオプションとなっているものには、不定冠詞 una（第8章）や形容詞 buona（第15章）などがあります。amica「女友達」に不定冠詞がつく場合には、un'amica［ウナミーカ］とおしまいの母音を落とすことも多いですが、una amica［ウーナ アミーカ］という形で使われることもあります。この他、「（部屋などに）入ってもいいですよ」・「楽にしてください」・「おかけください」というような意味の Si accomodi!［スィ アッコーモディ］も、S'accomodi!［サッコーモディ］と母音を落として言うことができます。

【〈母音＋母音〉を避ける】という傾向は、単語にまたがる場合に限らず、ある要素をくっつけて新しい単語を作るようなときにも見られます。

buono に -issimo という要素をつけて buonissimo「とてもおいしい」とするときにも、buono の -o を落としましたよね（第13章）。「～番目の」という場合も、11番目からは -esimo をふつうの数字のあとにつけましたが、このとき母音が落ちてるでしょ。「11番目の」

は、undici に -esimo をつけて undicesimo。ほら、undici の -i がなくなった。

6. 避けられない場合もある

　でも言いやすいように母音を落とすというのは、いつでもどこでもというわけにはいきません。言いにくさよりも分かりやすさを優先させることだってあります。

　定冠詞でも複数の形は、母音を落としませんよね（le allieve[レ アッリィエーヴェ]）。かなり古い時代には複数の定冠詞でも l' という形が使われていたことがありましたが、現代語では必ず省略しない le というカタチを使います。単数も複数も l' では分かりにくいってこともあるでしょうが、それ以上に le の -e が「複数だよ」ということを**お知らせする部分**なので、「言いにくいんだけど、この大切な部分だけは落とせない」ってことなんですね。「〜番目の」を作るのにつける -esimo にしても「33番目の」というときは、「33」trentatrè の最後の母音にアクセントがあるので（つまり「大事だよ！」ということ）、母音を落とさず trentatreesimo[トレンタトレエーズィモ] と言います。

　3階建て（tre piani[トレ ピィアーニ]）のおうちに住んでいる方！ primo piano[プリーモ ピィアーノ] はどこでしょう？

　「えっ!? もちろん「1階」にきまってるでしょっ！」

ホント？ イヤイヤ、「2階」なんですよ、コレが。「1階」は、piano terra[ピィアーノ テッラ]（「地面の階」）と言います。んで、primo piano は、そこから第一番目の階になるので「2階」なんですね。ということで、アナタのお部屋がある「3階」は、secondo piano[セコンド ピィアーノ] となります。

やってみよう！

次の序数形容詞をイタリア語で言ってみましょう。
a) 3º　　　　　　b) 18º　　　　　　c) 1ª
d) 7º　　　　　　e) 2º　　　　　　f) 10º
　　　　　　　（プリーズ！ 答えはまたまた141ページ。☞）

序数形容詞　　089

月の呼び方は月並みでは…

　月を数えるとき、日本語では「一月、二月、三月…」と〈数字＋月〉で言えるのに、英語なんかだと〈*January*〉／〈*February*〉／〈*March*〉…と月名も単語として覚えなきゃなりませんね。残念ながら、イタリア語も英語と同じように月名を単語として覚えておく必要があります。ただ単に覚えるのもナンですから、月名についてのお話しを読みながら少しずつ慣れていってはどうでしょう？

　イタリアの月名は、ローマ帝国建国の時代（紀元前8世紀）にまでさかのぼります。このときローマ最初の暦として使われていたのがロムルス暦です。この暦では、1〜10月までしか呼び名がありませんでした。ロムルス暦のロムルス（Romolo）っていうのは、ローマの初代の王で、双子の兄弟であるレムス（Remo）とともにオオカミに育てられたというローマ神話に出てくる伝説上の人物です。

　このロムルスの父が軍神マルス（Marte）で、これを1月 marzo（現在の3月）としました。2月 aprile（現在の4月）の語源は定かではありませんが、一説には aprire「（花が）開く（季節）」がもとになっているとされています。3月 maggio（現在の5月）は、ギリシア神話に出てくる巨大神アトラス（Atlante）の娘マイア（Maia）から、そして4月 giugno（現在の6月）は、ローマ神話の天神ユピテル（Giove）の妻ユーノー（Giunone）が語源となっています。

　5月から10月までは、ラテン語の5〜10という数字をもとにして作られました。5月と6月は、それぞれ Quintilius と Sextilis と呼ばれましたが、現在では使われていません。7〜10月は、数字の7〜10がもとになって settembre（現在の9月）、ottobre（現在の10月）、novembre（現在の11月）、dicembre（現在の12月）です。

　ロムルス暦の後、ユマ暦（1年355日、1年おきに22日か23日のうるう月）が採用されると、門や入り口の守護神であるヤヌス（Giano）から11月 gennaio（現在の1月）ができました。そして、ラテン語 februus「浄化する」（罪を償う）という言葉から、12月 febbraio（現在の2月）も追加されました。紀元前153年には、ヤヌスが事の始めと終わ

La rubrica di italiano　**3**

　りをつかさどる重要な神であるということから、gennaio を 1 月に変えることによって現在の順番となったわけです（おまけに、9 〜 12 月がもとになる数字とずれるということになってしまいました）。

　紀元前 46 年には、共和制ローマの指導者ユリウス・カエサル（Giulio Cesare）が 1 年を 365 日（うるう年を 4 年に 1 度）とした太陽暦を採用しました。これをユリウス暦と言います。その後、元老院がカエサルの功績を讃え、7 月を Giulio「ユリウス」の月と決議したため、Quintilius（クゥインティリウス）を luglio（ルーリョ）（7 月）と呼ぶようになりました。同じように、初代ローマ皇帝となるアウグストゥス（Augusto）にちなみ、Sextilis（セクスティリス）を agosto（アゴスト）（8 月）と改めました（ちなみに、現在用いられている暦は、1582 年に制定されたグレゴリウス暦というもので、ユリウス暦を多少修正したものです）。

　やっと、現在使われている月名がすべて出そろいましたね。それでは、順番に読んでみましょう。gennaio／febbraio／marzo／aprile／giugno／luglio／agosto／settembre／ottobre／novembre／dicembre。指を折らずにできましたか？

　日本語の月名が、「一月、二月…」と数字からできているで、どうしても指で勘定してしまいますね。でも、日本の旧暦を知ってますか？　睦月（むつき）・如月（きさらぎ）・弥生（やよい）・卯月（うつき）・皐月（さつき）・水無月（なづき）・文月（ふみつき）・葉月（はづき）・長月（ながつき）・神無月（かんなつき）・霜月（しもつき）・師走（しわす）。昔は日本の月名にも情緒があったのですね。旧暦は数字じゃないので、コレを考えればイタリア語もそれ程違和感がないかもしれません。

　日本でも明治 6 年にそれまでの旧暦を現在使用している新暦に変えました。このとき、どうしてもずれてしまう日を調整するために、明治 5 年 12 月 2 日の次の日を明治 6 年 1 月 1 日としたんです。だから、旧暦の月名と現在の月は実際のところ 1 ヶ月くらいずれています。実は、七夕（七月七日）はあんな梅雨の真っ最中ではなく、本当は今の 8 月くらいにあったのです。

コラム　091

20 avere 「年 は 持つ？」

　おベンキョウしすぎて、「腹ぺこだ」とか「もう眠い」なんてぼやいてる人はいませんか？　日本語では、「腹ぺこだ」（「腹ぺこ」の状態「だ」）も「眠い」（「眠い」状態「だ」）も、「〜の状態だ」っていう言い方をしますね。でも、イタリア語ではこんなとき「持つ」という動作で表現するのです。
　「やっぱり、コトバのお話しなのね！」
　はい、ここではとっても大事な avere「持つ」という動詞のおベンキョウです！

1. 動詞 avere

　ひょっとして？　と思っている方も多いのではないかと思いますが、ピ〜ンポ〜ン！　この avere（英語の〈have〉）もとっても不規則な変化をする動詞なんです。まず、そのカタチをお見せしますね。

	単数	複数
一人称	ho [オ]	abbiamo [アッビィアーモ]
二人称	hai [アィ]	avete [アヴェーテ]
三人称	ha [ア]	hanno [アンノ]

　かなり不規則でしょ？　avere は、essere と同じくらいよく使う動詞ですからシッカリと確認しておいてください。

　さて、この avere も辞書で引くと、「持っている」・「備えている」・「手に入れる」など多くの意味が載っていますよね。essere のところで基本的意味を「（〜として）存在する」としたように、avere も少しおカタク「〜を所有する」と覚えておきましょう。

◇ avere「〜を所有する」

2. 年は持つ

　イタリア語では、「私は○○歳だ」と年齢を言うときにも、この avere を使います。英語だと年齢を言うときは、be 動詞ですよね。たとえば「私は20歳です」は、
〈I am 20 years old.〉
でも、イタリア語だと
　　Ho　20　anni.
　　オ　ヴェンティアンニ

こんなふうに、イタリア語では avere という動詞を使うのです。「私は 20 歳の年を所有している」みたいに、年齢をその人の所有物として言い表すのがイタリア流です。

　相手の年齢の尋ね方は、「何歳」の「何」が quanti で、「歳」が anni（anno の複数形）ですから、親しい相手には、
　　Quanti anni hai?「年いくつ？」
　　クゥアンティ アンニ アイ

となります。目上の人などには、
　　Quanti anni ha?「おいくつですか？」
　　クゥアンティ アンニ ア

となりますが、実際には親しくない人や目上の人などに年齢を聞くことは少ないと思いますので、この表現を使うことはあまりないかも知れませんね。

3. 目的語って？

　年齢の言い方をおベンキョウしたところで、「目的語って何だろう？」ってお話しをしておきたいと思います。
「年齢の言い方と目的語になんの関係があるの？」
って声が聞こえてきそうですが、年齢の言い方だけじゃなく、これからの学習のためにも「目的語」は是非とも理解してもらいたいものなんです。
　補語は、第 16 章で覚えましたよね？　そう、[主語を補う語] でした。目的語は、補語とは違って「動詞が対象（目的）とする語」のことです…これじゃあ、ちょっと分かりづらいですね。もう少し補足しておきましょう。

　通勤途中にアナタのお友達が、
　　Io ho.「私は持っている」
と出会い頭に言ったとしましょう。アナタは意味が分からず、「えっ、なにを？」って聞きたくなるでしょ。あの娘昨日飲み過ぎたんだ、しばらく無視しておこう、ってこともあるかも知れませんね。

avere　093

これがどうして会話として成立しないかというと、avere「所有する」という動詞はふつう「所有するもの」（～を）を必要とするのに、それがこの文に欠けているからなのです。この「所有するもの」、つまり avere「所有する」という「**動詞の対象（目的）物**」が**目的語**なのです。

⇒ 目 的 語 ： 動 詞 が 対 象 （ 目 的 ） と す る 語

　「目的語とか補語とか、知らなきゃなんないの？」
くどいようですが、知っておいて欲しいな～。だって補語だったら主語の性と数に一致するでしょ。でも、目的語は【動詞の対象物】なので、主語とは関係ありませんね。だから主語の性と数に一致することもないのですよ。よく目的語を補語と勘違いして、主語に一致させちゃう人がいるのですが、こんな間違いを起こさないためには、目的語と補語の違いを知っておく必要があるのです。年齢の表現で言うと、**英語は補語**で、**イタリア語は目的語**で年を言うのですね。

4. avere を使った表現

　気持ちや体の状態を表すのに、avere を使った慣用的な表現がたくさんあります。たとえば、
　　Ho freddo.「寒い」
は、「私は寒さ**を所有している**」っていうカンジですね。反対に暑いときは、avere caldo［カルド］です。英語の〈have〉とくらべて、avere の使い道はかなり広範囲です（年齢にも使いますしね）。「寒い」・「暑い」以外にも、次のような便利な表現があります。

avere fame［ファーメ］「空腹である」／ avere sete［セーテ］「のどが渇いている」
avere fretta［フレッタ］「急いでいる」／ avere sonno［ソンノ］「眠い」
avere la febbre［フェッブレ］「熱がある」／ avere la tosse［トッセ］「咳が出る」
avere un raffreddore［ラッフレッドーレ］「風邪をひいている」

　avere は色んなところで使えます。ホテルで「シングルの部屋ありますか？」と尋ねるときは、
　　Avete una camera singola?
美術館などでガイドブックが欲しいときは、
　　Avete una guida?
っていうカンジです。

もちろん、自分のことについてもイロイロと表現できますよ。
　Ho i capelli neri.「黒髪です」
　　オ　イ　カペッリ　ネーリ
　Ho begli occhi.「きれいな目をしている」
　　オ　ベッリ　オッキ
そろそろ、Avete sonno?

やってみよう！

イラストを見てイタリア語の文を作ってみましょう。

a)

◀ アンナは寒いのです！

b)

◀ ジョヴァンニ急いでます！

c)

◀ "はるか"とクラウディオは腹ペコ！

（たのしいイラストで答えもバッチリ！142ページ！☞）

avere　095

21 前置詞

前置詞って？

　前置詞というのは日本語にはありませんが、代わりをするものはありますよね。ほら、「に」「の」「で」「へ」なんていう名詞の後につける"助詞"っていうやつです（「助詞」は、字の通り、助ける詞ということです）。私たちは、この助詞によって名詞の色々な意味関係を明らかにしているのですね。
　前置詞っていうのは、名詞の前について日本語の助詞と同じように、色々な意味関係を表すものなんです。

1. 前置詞というヤツ

　私たちは、子供の頃から助詞の使い方を直感的にマスターしていますが、日本語を学ぶ外国人にとっては、これはヤッカイなものの一つであろうと思います。たとえば、
「私は東京へ行く」
「私は東京に行く」
の「へ」と「に」を私たちは上手に使い分けていますよね。でも、どう違うの？　と中国人のお友達に聞かれたら、答えに困っちゃいませんか？

　日本語の助詞と同じように、イタリア人は前置詞（「前置詞」も字の通り名詞の前に置く詞です）を直感的に習得しています。でも残念ながら、直感が働かない私たちはそれぞれの前置詞を理解して慣れていくしかないのです！！
　じゃあ、前置詞っていうヤツはどう理解すればよいのでしょうか？　たとえば、イタリア語の前置詞 in。辞書でこれを引いてみますと、「〜の中に」・「〜に」・「〜の時に」など数え切れないほどたくさんの意味が載っています。これを全部覚えるなんてとてもムリ!!　ですよね。当然、イタリア人だってこんな多くの意味をすべて覚えて使っているわけじゃああありません。日本語の助詞だってそうでしょ。
　そこで、前置詞をマスターするには、動詞 essere や avere でやったように、その**中心的な意味**みたいなものをまず理解するのがいい方法かな？　って思ってるんです。

2. 前置詞 in の中心的な意味

それではさっき少し取り上げた前置詞 in について考えてみましょう。

Noi siamo in Italia.「私たちはイタリアにいる」
Vado in campagna.「私は田舎に行く」
Finisco il lavoro in tre giorni.「私は三日で仕事を終える」
Sono studente in medicina.「僕は医学生です」

色々なところに前置詞 in が使われていますね。でも、これらに共通するものは、「何かの中に置かれている」といったようなカンジではないでしょうか？ 図で書いてみると、次のようになります。

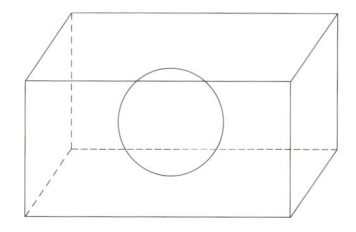

「ある枠（立体）の中にあるもの（球）が置かれている」。これが前置詞 in のイメージです。

◇ in 「ある枠の中にあるものが置かれている」

たとえば、
　Noi siamo in Italia.「私たちはイタリアにいる」
は、「私たち（noi）がイタリア（Italia）**の中に置かれて存在する**（siamo）」となっているでしょ。

同じように、「私（io）が田舎（campagna）という空間の**中に置かれる**ところに行く

前置詞　097

（vado）」が

　Vado **in** campagna「私は田舎**に**行く」

です。

　Finisco il lavoro **in** tre giorni.「私は三日**で**仕事を終える」

は、「三日（tre giorni）という時間**の中に置かれて**仕事を終える（finisco il lavoro）」ということ、そして、

　Sono studente **in** medicina.「僕は医学生です」

は、「医学（medicina）という領域**の中に置かれている**学生（studente）として存在する（sono）」ということを示しています。

　どうですか？　ちょっとややこしかったかも知れませんが、要は、in という前置詞の【ある枠の中に置かれている】というイメージをシッカリとつかむことです！

3. 前置詞 a / con / di / da / per / su / fra / tra

　a / con / di / da / per / su / fra / tra というよく使う前置詞をさっきの in と同じように見ていきましょう。

a ［ア］：「～（ノ点）へ」（方向・位置）

　「ゴールに接している」っていうカンジが前置詞 a のイメージです。

　　Anna abita **a** Roma.「アンナはローマに住んでいる」
　　　アンナ　アービタ　ア　ローマ

は、「アンナ（Anna）がローマ（Roma）という**地点（ゴール）**に住む（abita）」ということです。

　場所を表すとき、都市名の前は a（a Roma「ローマに」）ですが、国名の前では in（in Giappone「日本に」）を使います。都市を「点」、国を「範囲」として捉えているのですね。

```
a ＋ 都市名
in ＋ 国名
```

con [コン]：「〜ト（一緒ニ）」（参加・付加）

con は、**密接に一緒にある**といったカンジです。

カーサ コン ジャルディーノ
casa **con** giardino「庭**付きの家**」

では、「庭（giardino）が家（casa）**と一緒にある**」となっていますね。

di [ディ]：「〜（ノ関係）ノ」（色々な関係）

di は、日本語の「の」と同じように幅広い意味を持つ前置詞です。

ソーノ ディ ナーポリ
Sono **di** Napoli.「ナポリ**出身**である」

は、「私（io）がナポリ（Napoli）という**ところに関係している（出身）**」といったカンジになります。この〈essere di ＋ 都市名〉は、「〜出身である」とまとめて覚えておきましょう。

> essere di ＋ 都市名　「〜出身である」

da [ダ]：「〜（ノ前）カラ」（起源）

da は、「**スタート地点から離れていく**」というようなイメージです。この離れていくスタート地点を強く意識するのが da です。「ゴールに接している」イメージの a と対立した意味関係となります。

ダ ミラーノ ア フィレンツェ
da Milano **a** Firenze「ミラノ**から**フィレンツェへ」

という表現は、まさにその典型的なものです。

ヴィーヴォ ア トリーノ ダ トレ アンニ
Vivo　a Torino **da** tre anni.「私は 3 年**前から**トリノに住んでいる」

は、「三年（tre anni）という**時間的出発点から**私が住んでいる（vivo）」ということです。

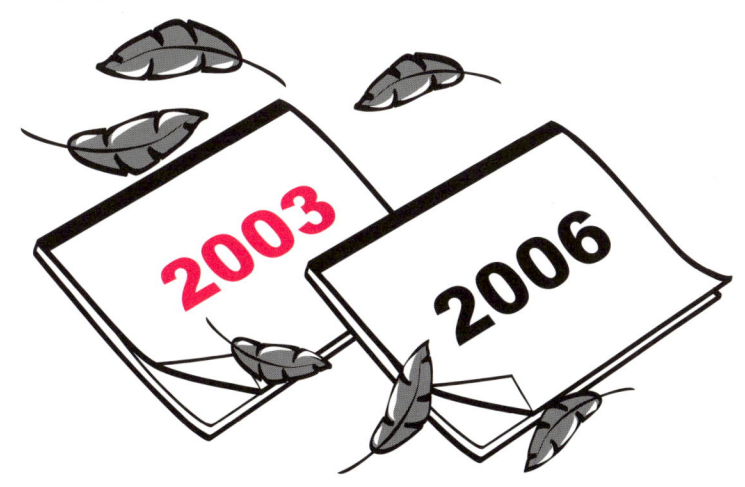

per ［ペル］：「**〜ニ向カッテ**」（方向）

per は、「**ゴールの方向に向かっている**」というカンジです。「方向」を表す前置詞としては、a がありましたね。でもこれは、「ゴールに接している」という意識があるものですから、「ゴールに向かっている」per とは区別するようにしましょう。

　l'aereo **per** Roma「ローマ**行きの**飛行機」

は、「ローマ（Roma）という**ゴールの方向へ向かう**飛行機（l'aereo）」ということです。

su ［ス］：「**〜（ノ上）ニ**」（接触）

su のイメージは、「**何かにくっついている（接触）**」です。特に「〜の上に」ということにはこだわりません。くっついていれば横でも下でも OK です。

　i ricami **su** seta「絹**にある**刺繍」

は、「絹（seta）に**ピタッとくっついて**施されている刺繍（i ricami）」ということです。

100　前置詞

fra / tra [フラ／トラ]：「〜間ニ」
　　fra と tra は、どちらも「**隔りがある**」というイメージです。
　　fra Milano e Roma「ローマ・ミラノ間（という隔りがある）」

　ここで取り上げた前置詞は、前置詞以外の品詞としては使われないので、**本質的前置詞**と呼ばれます。イタリア語には本質的前置詞以外にもう少し前置詞がありますが、まずは本質的なものからマスターしていくようにしましょう。

　イタリア人の名前には、前置詞が入っているものもあります。一番の有名どころと言えば、ダヴィンチでしょう。どこがって？ ダヴィンチのフルネームをつづりで書くと、Leonardo da Vinci（1452-1519）となります。ほら、da っていう前置詞が入っているでしょ。

　ルネッサンス期の天才 da Vinci は、Vinci というトスカーナ州のほぼ中心に位置する小さな村に生まれたのです。da っていう前置詞は、【スタート地点から離れていく】のでしたね。だから、Leonardo da Vinci は、「Vinci 出身の Leonardo 君」ということになります。

🌸やってみよう！🌸

次の空欄に適当な前置詞を入れてみましょう。
a) Haruka abita (　) via Mazzini 23.
b) Marco abita (　) Firenze (　) la famiglia.
c) Giovanni è italiano, (　) Torino.
d) Enrico è (　) Londra (　) lavoro.

（ちょっとムズカしい？　p.142 へ Let's go! ☞）

前置詞　101

22 冠詞前置詞
スパゲッティは al dente

　イタリア語をよく知らない人でも、みんな大好きなパスタ。代表的なパスタと言えばスパゲッティ（spaghetti）ですが、皆さんはどんなスパゲッティが好きですか？ トマトソース？ それともクリームソース？ じゃあ、スパゲッティのゆで方は？ やっぱりアル・デンテ（al dente）が一番おいしいですよね！

　この dente は「歯」という意味で、「アル・デンテ」とは「歯ごたえのある（堅めにゆでた）」ということです。イタリアでは、スパゲッティをアルデンテでゆでるのが一般的です。

　それでは、「アル・デンテ」の**「アル」**っていったいナニ??

1. al とは？

　「アル・デンテ」の「アル」（al）は、前置詞の a と定冠詞の il が合体したものです（これを**冠詞前置詞**と言います）。イタリア語では、前置詞 a の次に定冠詞がやってくると**必ず合体して**一語となってしまうのです。

　a だけかというと、またそれが違うんですね〜。da / di / in / su も定冠詞が続くと一つになります。

　まずその一覧から見てみましょう。

	il	lo	l'	i	gli	la	le
a	al	allo	all'	ai	agli	alla	alle
da	dal	dallo	dall'	dai	dagli	dalla	dalle
di	del	dello	dell'	dei	degli	della	delle
in	nel	nello	nell'	nei	negli	nella	nelle
su	sul	sullo	sull'	sui	sugli	sulla	sulle

　a / da / su という前置詞と定冠詞が合体したカタチは、大体予想がつきますよね。〈a＋il〉

102　冠詞前置詞

をそのままくっつけると ail になって、ai- というように母音が重なっちゃう（第19章）。だから il の最初の母音 i- を取っちゃえ！　っていうカンジで **al**。〈a＋i〉と〈a＋gli〉は、そのままくっつけて **ai** と **agli**。〈a＋la〉/〈a＋le〉/〈a＋lo〉/〈a＋l'〉は、あいだに定冠詞の最初の音と同じ -l- をはさんで **alla / alle / allo / all'** となります。

　前置詞 di と in が定冠詞と一緒になるときは、前置詞の部分が少し変わります。di は **de-** となり、in は最初の母音 i- が落ちて **ne-** となります。コレさえ注意しておけば、覚えるのはそれ程難しくないでしょっ！　でも、実際にこの合体した形を使えるようになるには、かなりの時間がかかります。よくカタチを確認して少しずつ慣れていきましょう！

2. イタリア料理と冠詞前置詞

　イタリア料理のメニューは、この冠詞前置詞のオンパレードです。

Primi Piatti「一皿目」では、
　　Taglierini **al** Tartufo［タッリェリーニ　アル　タルトゥーフォ］「トリュフのタッリェリーニ」
　　Spaghetti **alle** vongole［スパゲッティ　アッレ　ヴォンゴレ］「スパゲッティ・ボンゴレ」
　　Spaghetti **alla** carbonara［スパゲッティ　アッラ　カルボナーラ］「スパゲッティ・カルボナーラ」

メインの Secondi Piatti「二皿目」では、
　　Bistecca **alla** Fiorentina［ビステッカ　アッラ　フィオレンティーナ］「フィレンツェ風ビフテキ」
　　Trippa **alla** Fiorentina［トリッパ　アッラ　フィオレンティーナ］「フィレンツェ風トリッパ」
　　Cotoletta **alla** Milanese［コトレッタ　アッラ　ミラネーセ］「ミラノ風カツレツ」

Secondi Piatti の Contorni［コントールニ］「つけ合わせ」には、
　　Spinacci **al** burro［スピナッチ　アル　ブッロ］「ほうれん草バター」
　　Bruschetta **al** pomodoro［ブルスケッタ　アル　ポモドーロ］「トマトのブルスケッタ」
をつけてもらいましょう。

そして Dessert「デザート」には、
　　Torta **della** Nonna［トールタ　デッラ　ノンナ］「おばあさんのタルト」
なんてどうかしら？

3. C'è ～

　料理名もさることながら、文の中で冠詞前置詞がよく使われるのは、"C'è ～" という構

冠詞前置詞　103

文です。C'è は、Ci（英語の〈there〉）と essere の三人称単数形 è（英語の〈is〉）が母音の連続を避けるためにくっついたものです（必ず C'è となります）。

　この表現では、C'è ～ のあとにくる名詞が主語となりますので、この名詞が単数の場合は è で良いのですが、複数のときは動詞を三人称複数形 sono にしなければなりません。

　C'è una sedia.「**いすがある**」
　Ci sono due sedie.「2つのいす**がある**」

◇ 〈**C'è ＋ 単 数 名 詞**〉
◇ 〈**Ci sono ＋ 複 数 名 詞**〉

4. どこに「ある」？

「～がある」という表現は、
「バッグの中に**本がある**」
の「バッグの中に」のように、「場所」を示す語句を必要とします。ここに冠詞前置詞がよく使われるのですね。

　英語だと語順が固定しているので、
〈*There is a book in the bag.*〉
というように、〈*There is* ＋ 主語 ＋ 場所〉という順番が定位置です。

　でも、イタリア語はチョット違います。まず英語と同じ語順としては、
　C'è un libro nella borsa.「本がバッグの中にある」
ですね。

　でも C'è ～ 構文を使う状況というのは、「バッグの中にはね…」と話し相手にバッグが見えていて（つまり情報としては**旧**い）、「本があるのよ」（これが**新しい**情報だ！）なんて言うときでしょう。そして、この文の次には、「この本はね…」なんて「本」の話題が続いていくことが期待されます。

　イタリア語に限らず、どんな言語でも、新しくて大事な情報はできるだけ文のあとの方に現れるもんなんです（くわしくは第28章を見てね）。そうすると、
　Nella borsa c'è un libro.「バッグの中には本がある」
というような順番がとても自然。イタリア語では、こっちの語順の方がふつうです。

　この C'è ～ / Ci sono ～ という表現は、いろんなときに使えます。電話で「アンナいる？」は、
　C'è Anna?
で OK。いるときは、
　Sì, c'è.

104　冠詞前置詞

いないときは、

No, non c'è.
ノ ノンチェ

と、c'è の前に non をつけるだけです。

オペラの切符売り場で、

C'è ancora posto per oggi? 「今日の席まだありますか？」
チェ アンコーラ ポスト ペル オッジ

とも聞けますし、レストランでメニューを読むのがメンドーなときは、

Che cosa c'è per antipasto? 「前菜にはなにがありますか？」
ケ コーサ チェ ペル アンティパスト

と尋ねてみるのも良いでしょう。ホテルで、もしお湯が出ないときは、

Non c'è l'acqua calda. 「お湯がでないよ」
ノン チェ ラックゥア カルダ

タオルがないときは、

Non ci sono asciugamani. 「タオルないやんけ！」
ノン チ ソーノ アッシュガマーニ

と優しく言ってあげましょう。

　中学生の頃、英語の時間に「〈There is〜〉は「〜がある」という意味だから、**ガール構文**と覚えましょう」なんて教えてもらったことを今でも記憶しています。そのときは、「なるほど、ガール構文ね！」、なんてナットクしたのですが、よく考えてみると「何がガールなの？　ただ「〜がある」という意味のところをカタカナにしただけじゃん！」とブツブツ。でも人の記憶ってこんなものですよね。

　ってわけで、英語の〈There is〜〉にあたるイタリア語の C'è 〜 構文を『**チェッとある**』と覚えるのってどうでしょう？

やってみよう！

イラストを見て、『チェッとある』文を作ってみましょう。

a) _____

b) _____

c) _____

（新聞はどこ？　本はどこ？　142 ページ☞）

冠詞前置詞　105

23 時間の表現
「時間を大切に」

イタリア国内の移動は、バスや飛行機も良いのですが、イタリア全土に張り巡らされた鉄道（Ferrovia dello Stato［フェッロヴィーア デッロ スタート］「国鉄」）の旅がお勧めですよっ。ドキドキしながら切符（biglietto［ビッリェット］）を買って、時刻通りに来るかどうかも分からない？ 列車（treno［トレーノ］）を待ち、車窓の景色を眺めていると車掌がやってきてまたドキドキする、なんてオツなものです。

1. ～時

さて、電車に乗るには切符を買わなければなりませんね。ローマ～ミラノ間ぐらいになると、普通列車（Locale［ロカーレ］）では着くのがいつになるか分かりません。そこで、特急（Rapido［ラーピド］）などで行くことになるのですが、特急なんかだと「09:05 発」などと時間の指定をする必要も出てくるでしょう。ということで、ここでは時間の表現をおベンキョウしますよ！

「～時」は、〈女性定冠詞 ＋ 数字〉で表します。1時は **l'una**、2時は **le due**、3時は **le tre** というように。

「定冠詞をつけるのはいいとしても、どうして女性定冠詞なの？」
という疑問が浮かんだと思います。女性定冠詞を使うのは、「～時」を意味する ora［オーラ］が女性名詞だからです。

「2時」を例にしてみましょう。due「2」は複数だから「～時」を意味する ora も、複数形 ore［オーレ］となって due ore。これに定冠詞をつけるんですが、ore は女性複数だから le due ore「2時」となります。だけど、この ore はふつう言わないので **le due** となるのです。そうすると、「1時」は？ そう、「1」を意味する uno は、ora が女性名詞だから una。女性単数定冠詞は la ですが、次が u- という母音なので、**l'una**（ora）となるのですね。

◇ 〈女性定冠詞 ＋ 数字〉：「～時」

2. 今何時？

「今何時ですか？」は、
Che ora è? / Che ore sono?
と言います。「〜時」を単数と考えると Che ora è?、複数と考えると Che ore sono?。どちらの聞き方でも OK です。

答えるときは、「1 時です」のときだけ
È l'una.
と、動詞 essere が三人称単数 è となりますが、それ以外は、
Sono le due.「2 時です」 / Sono le dodici.「12 時です」
というように、三人称複数 sono を使います。

「〜時〜分」という場合は、〈女性定冠詞＋時間＋e＋分〉で表します。
l'una e venti「1 時 20 分」
le due e trentacinque「2 時 35 分」

◇〈女性定冠詞＋時間＋e＋分〉：「〜時〜分」

逆に、「〜時〜分前」というときは、〈女性定冠詞＋時間＋meno＋分〉となります。
le tre meno dieci「3 時 10 分前（2 時 50 分）」
le cinque meno cinque「5 時 5 分前（4 時 55 分）」
e がプラス、meno がマイナスの意味になっています。

◇〈女性定冠詞＋時間＋meno＋分〉：「〜時〜分前」

15 分・30 分・45 分というキリの良い時間には、それぞれ un quarto[ウン クゥアールト]「15 分」・mezzo[メッヅォ]「30 分」・tre quarti[トレ クゥアールティ]「45 分」という表現も使われます。
le quattro e un quarto（le quattro e quindici）「4 時 15 分」
le undici e mezzo（le undici e trenta）「11 時 30 分」
また、
È mezzogiorno.「正午です」
È mezzanotte.「真夜中です」
という表現もあります。

時間の表現　107

3. 何時に？

「その電車は何時に出発しますか？」

なんて言うときの疑問文を次に考えてみることにしましょう。第17章の『疑問詞を使った疑問文』をちょっと思い出してくださいね。

まず、もとの文は、

Il treno parte a ○○ ora.「電車は○○時に出発する」

となります。この○○のところに「なにの？」を意味する疑問詞 che を入れるのでしたね。

Il treno parte a **che** ora.

次に、

【疑問詞の部分を文の最初に持ってきて、主語と動詞をひっくり返す】

というのが疑問詞の作り方でした。でも、疑問詞の部分って、どこまでだと思います？

「che ora かしら？」

それだと、前置詞 a がポツンと置かれちゃいますよね。こんなときは、

【かたまりごと（「○○時に」）前に持っていく】

のがイタリア語のやり方です。

A che ora parte il treno?「その電車は何時に出発しますか？」
（ア ケ オーラ パルテ イル トレーノ）

このようにイタリア語では、「意味のかたまり」をまるごと必ず前へ持っていきます。他にも、

Di dove sei?「君はどこ出身？」
（ディ ドーヴェ セイ）

Di chi è?「それは誰の？」
（ディ キ エ）

なんていうのも同じやり方で疑問文ができていますね。

4. 〜時に

A che ora parte il treno?

という疑問文に答えておきましょう。「9時に出発する」のでしたら、

Parte alle nove.
（パルテ アッレ ノーヴェ）

となります。「〜時」は〈女性定冠詞 ＋ 数字〉だから、「9時」は le nove でしょ。それに「〜に」という a が結びつくのですが、前置詞 a と定冠詞が連続すると…そう！ 冠詞前置詞という合体したカタチになるのでしたね（第22章）。だから、**alle** nove です。じゃあ、「1時に出発する」ときは？

Parte all'una.
（パルテ アッルーナ）

ですね。

108　時間の表現

イタリアの鉄道は、乗ってしまえば快適なのですが、乗る前（切符を買うとき）はケッコウ大変です。日本みたいに自動発券機なんてものはほとんどありませんから、切符をゲットするためには窓口に並ぶ必要があります。大きな駅では、混雑するときもありますから、かなり時間に余裕を持って駅へ出かけた方が良いでしょう。
　窓口で切符を買うってことは、最低限の会話のやりとりが必要ってこと。まず、枚数でしょ（un biglietto / due biglietti）、行き先でしょ（per Firenze / per Venezia）、それに「お願いします」をつけて、Due biglietti per Firenze, per favore. あとは、solo andata「片道」/ andata e ritorno「往復」、prima classe「1等」/ seconda classe「2等」、supplemento rapido「特急券」なんてのもいるかも知れませんね。

🌸やってみよう！

イラストを見て次の質問に答えてみましょう。
a) Che ora è?
　　［ケ　オーラ　エ？］
　　いま何時？

b) Che ora è?

（答えは142ページ。
お姉さんのもってる時計は3時25分と、6時50分です。☞）

時間の表現

24 fare

「とても**便利**だ！」

　「これまでイタリアになんか旅行**した**こともないのに、先生のおしゃべりにつき合わされるだけで、質問**する**こともできない。イロイロとイタリア語について発見**する**こともあったけど、もう夜も更けた。気分転換に散歩**して**、シャワー**して**寝よう！」
　チョット待って！　寝る前に、もう少しだけおしゃべりにつきあってください。今、「する」って何回言いました？「旅行する」でしょ、「質問する」に「発見する」。それから、「散歩する」…ああ、「シャワーする」も言ったよね。こんなとき、イタリア語では fare という動詞を使います！

1. とても便利な fare

　日本語って、「〜する」という表現をよく使いますね。名詞に「する」をつけて突然動詞に早変わり、っていうのが日本語が得意とするところの一つです（まあ、できないのもたくさんありますが…「葉書する」はダメですが、「手紙する」はビミョー…でも「メールする」はアリですよね）。
　日本語には、「〜する」が日常ゴロゴロしてますが、これを英語にするとき困りませんでしたか？　たとえば、「勉強する」は、「する」が〈do〉で「勉強」が〈study〉、だから〈do study〉!?　こんな解答をされると教えている先生も困っちゃいますね。
　さっきの「〜する」。これを英語にしたとき、〈do〉で通用するものは残念ながら一つもありません。「旅行する」・「発見する」は〈make (a trip / discovery)〉ですし、「質問する」は〈ask (a question)〉、「散歩する」・「シャワーする」は〈take (a walk / shower)〉とそりゃメンドーです（もちろん、イチイチ後ろに名詞をつけずに、「発見する」を〈find〉と一語で言うことは可能です）。
　ここで耳寄りな情報！　イタリア語だと、これがぜ〜んぶ日本語の「〜する」にあたる fare[ファーレ]で OK！　fare un viaggio[ヴィアッジョ]「旅行する」、fare una domanda[ドマンダ]「質問する」、fare una scoperta[スコペールタ]「発見する」、fare una passeggiata[パッセッジャータ]「散歩する」、fare la doccia[ドッチャ]「シャワーする」ってカンジで。fare という動詞、これは日本人にとってとても便利な動詞なんです。

◇ **f a r e :「〜する」**

2. fare のカタチ

　さて、便利さを堪能するためには、その形をマスターしなければなりません。（ひょっとして??）そうです、fare は不規則な変化をする動詞なんです。それではここでご披露いたしましょう。

	単数	複数
一人称	faccio [ファッチョ]	facciamo [ファッチャーモ]
二人称	fai [ファイ]	fate [ファーテ]
三人称	fa [ファ]	fanno [ファンノ]

どうですか？　かなり不規則なヤツでしょ。

　Che fai?「何してるの？」
「朝ゴハンしてる」ときは、
　Faccio colazione.
です。
　Che fai? は、「何してるの？」という意味の他、職業を尋ねて「仕事は何をしているの？」という表現にもなります。
　Che fai?
えっ、私に聞いているのですか？　それでは、答えてみましょう。
　Sono professore.「教師です」
えっ、fare を使ってないって？　それじゃ、
　Faccio il professore.「教師をしています」
でどうでしょうか？

3. 天気にも使える fare

　fare は、fare caldo [カルド]「暑い」/ fare freddo [フレッド]「寒い」/ fare fresco [フレスコ]「涼しい」など、天候についての表現にも使われます。天候を言うとき、どうして動詞 fare を使うのでしょうか？　そのワケは、主語に隠されているんです。
　主語と言っても、天候のときにはふつう主語をつけません。でも、あえて主語がナニかを

考えてみれば、「(天候の) 神サマ」みたいな方ではないでしょうか？ その「(天候の) 神サマ (主語) が暑くする・寒くする・涼しくする」、だから fare。神サマは三人称単数なのですが、そのお姿をお隠しになられるため、

　　Fa caldo / freddo / fresco.

と主語がないように見えるのです。

　暑さ・寒さの他に、fare bel tempo［ベル　テンポ］「良い天気である」、fare brutto［ブルット］/ cattivo tempo［カッティーヴォ　テンポ］「悪い天気である」など、天気の善し悪しにも fare を使います。「天気どう？」と聞くときは、

　　Che tempo fa?

天気が良ければ、

　　Fa bel tempo.「良い天気です」

ですね。

　さらに、fare giorno［ジョールノ］「朝になる」/ fare notte［ノッテ］「夜になる」というときも fare です。いずれも神サマが主語ですので、お姿は現しませんが、動詞は三人称単数のカタチを使います。

　"fa" は、fare の三人称単数のカタチですが、ちょっとおもしろい使い方もあります。tre giorni fa［トレ　ジョールニ　ファ］「三日前」/ una settimana fa［ウーナ　セッティマーナ　ファ］「一週間前」/ due anni fa［ドゥーエ　アンニ　ファ］「二年前」のように、fa は時間を表す語句のあとにひっついて、「～前」という意味にもなります。便利でしょ。イタリア語の〈～ fa〉と日本語の「～前」、順番も同じだしね。

　この fa は、「時間が経過する」という fare の用法が「～前」という意味で固定化したものです。una settimana fa は、「一週間が経過する」→「一週間前」となっているのですね。due anni の場合、due anni fanno というように fare が三人称複数のカタチになるのが本来の姿ですが、〈～ fa〉というのが固定した表現となっているため、あくまでも due anni fa です。でも、fa は現在形ですから、この〈～ fa〉というのは、現在を基準とした「～前」というときにしか使えません。

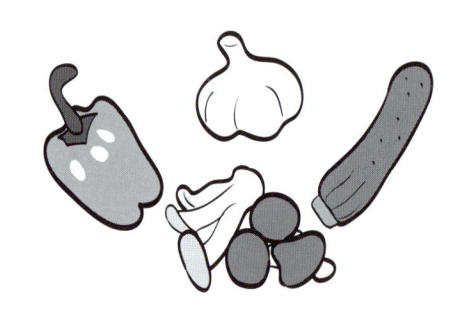

やってみよう！

イラストを見て次の質問に答えてみましょう。

a) **Che fa Giorgio?**

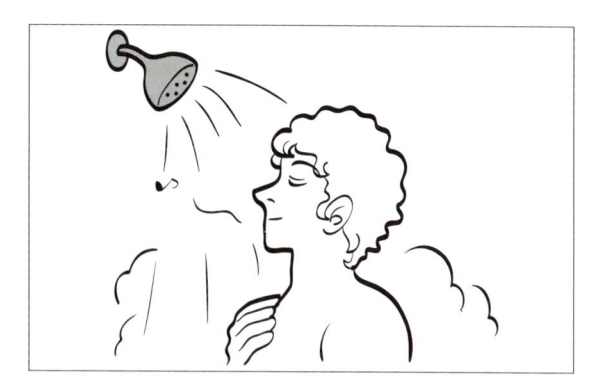

b) **Che tempo fa?**

c) **Che fa Haruka?**

（"はるか"ちゃんは、"ask a question"してますよ。答えは p. 142 ☞）

fare　113

25 語形成 ― 新しい単語のでき方

　イタリア料理でトマトは、とてもよく使われる食材ですね。日本のように生で食べるのではなく、イタリア料理ではトマトソースとして利用されるのがポピュラーです。
　「トマト」は、イタリア語で pomodoro［ポモドーロ］と言います。この pomodoro は pomo d'oro が一語になったもので、直訳すると「金のリンゴ」となります。旧約聖書の『創世記』に登場する『アダムとイヴ』の話しにある「禁断の果実」が「リンゴ」ではないかと言われるくらい、pomo「リンゴ」はヨーロッパに古くからある果物です。でも、南米原産のトマトがイタリアへ持ち込まれたのは、16 世紀と言われています。このときに、「トマト」をそれまであった pomo「リンゴ」に喩えて pomo d'oro「金のリンゴ」と呼んだのですね。こうやって新しい単語って作られていくのです。

1. 複合語

　pomo と oro から pomodoro。こんなふうに、すでにある単語どうしを組み合わせることによって作られる新しい語を「**複合語**」って言います。
　日本語や英語では、すでにある単語と単語をつなげて、簡単に新しい語を作り出すことができます。「電話」と「番号」で「電話番号」、英語でも、〈telephone〉と〈number〉で〈telephone number〉でしょ。
　でも、イタリア語は、名詞と名詞を直接つなげて新しい語を作るのをあまり得意とはしません。「電話番号」なんかだと、"numero **di** telefono"［ヌーメロ ディ テレーフォノ］「電話**の**番号」というように、前置詞（di）でつなげて説明的・文法的に複合語を作るのがイタリア語のやり方です。

　どれくらい説明的・文法的かを少し紹介してみましょう。

　　名詞 ＋ 前置詞 ＋ 名詞

　　　biglietto d'invito［ビッリェット ディンヴィート］「招待券」/ macchina per cucire［マッキナ ペル クチーレ］「ミシン」/ vigilia di Natale［ヴィジーリィア ディ ナターレ］「クリスマスイヴ」

名詞＋形容詞

telefono pubblico［テレーフォノ プッブリコ］「公衆電話」/ manifestazione culturale［マニフェスタツィオーネ クルトゥラーレ］「文化祭」/ città turistica［チッタ トゥリスティカ］「観光都市」

動詞＋名詞

portacenere［ポルタチェーネレ］「灰皿」（cenere「灰」ヲ porta「置く」モノ）/ asciugamano［アッシュガマーノ］「タオル」（mano「手」ヲ asciuga「拭く」モノ）

2. 変意名詞・変意形容詞

　複合語を作るのがあまり得意でないイタリア語は、その代わりに、独立して意味をなさないもの（**接辞**）を単語の前後につけて新しい語をよく作ります。このように単語に接辞をつけてできた語を**派生語**と言います。

　単語のおしまいにつく接辞（**接尾辞**）にはイロイロなものがありますが、まず、名詞・形容詞に接尾辞を添えることによって、もとの名詞・形容詞に「増大」・「縮小」・「軽蔑」などの意味を付け加えるものをオベンキョウしてみましょう。

　トマトは pomodoro でしたね。じゃあ、トマトのちっちゃいバージョンの「ミニトマト」はどうでしょうか？　こんなときには、「縮小」を意味する -ino をくっつけて pomodor**ino** とします。もちろん、【〈母音＋母音〉を避けます】から、pomodoro のおしまいの -o を落として、pomodorino です。こうやってできた語は、もとの語と少し意味が変わるでしょ。だから、**変意名詞・変意形容詞**って呼ばれます。

-one / -ona ：「増大」

libro［リーブロ］「本」→ libr**one**［リブローネ］「大判の本」/ ragazza［ラガッツァ］「女の子」→ ragazz**ona**［ラガッツォーナ］「大柄な女の子」

-ino(a) / -ello(a) / -etto(a) ：「縮小」（「小さい」→「かわいい」）

ragazza「女の子」→ ragazz**ina**［ラガッツィーナ］「小柄な女の子」/ caro［カーロ］「かわいい」→ car**ino**［カリーノ］「かわいらしい」/ albero［アルベロ］「木」→ alber**ello**［アルベレッロ］「小さな木」/ camera［カーメラ］「部屋」→ camer**etta**［カメレッタ］「小部屋」

-accio（a） :「軽蔑」
casa［カーサ］「家」→ casaccia［カザッチャ］「あばら屋」/ povero［ポーヴェロ］「貧しい」→ poveraccio［ポベラッチョ］「哀れっぽい」

3. 接尾辞

単語を覚えるのに、無闇に片っ端から覚えるっていうのは、なかなかムズカシイもんです。何かに関連づけて覚える、しかもそれが実際に関係がある、なんていうとかなり覚えやすくなると思います。たとえば、amico［アミーコ］「友達」と amicizia［アミチーツィア］「友情」。まず amico を覚えて、それに -izia をつけたら amicizia だ！ こんなふうに覚えた方が効率的ですよね。-izia っていう接尾辞がどんな意味かを理解すれば、他のもドンドンと身についていくハズです。

接尾辞には、ケッコウたくさんの種類があります。イッペンに覚えるのはとても無理です。気になったときに、確認して少しずつマスターしていきましょう！

動詞に結びついて → 名詞になるもの

-ante / -ente :「～する人」
cantare［カンターレ］「歌う」→ cantante［カンタンテ］「歌手」/ studiare［ストゥディアーレ］「勉強する」→ studente［ストゥデンテ］「学生」

-tore（-trice）:「～する人」（「～する女性」）
leggere［レッジェレ］「読む」→ lettore［レットーレ］（lettrice［レットリーチェ］）「読者」/ scrivere［スクリーヴェレ］「書く」→ scrittore［スクリットーレ］（scrittrice［スクリットリーチェ］）「作家」

-mento :「～すること」
cambiare［カンビィアーレ］「変える」→ cambiamento［カンビィアメント］「変化」/ pagare［パガーレ］「払う」→ pagamento［パガメント］「支払い」

-zione / -sione :「～すること」　　　　　　　　　［女性名詞となります］
concludere［コンクルーデレ］「結論づける」→ conclusione［コンクルズィオーネ］「結論」/ informare［インフォルマーレ］「知らせる」→ informazione［インフォルマツィオーネ］「情報」

`-enza / -anza` ：抽象名詞

abbondare［アッボンダーレ］「豊富にある」→ abbond**anza**［アッボンダンツァ］「豊富さ」/ tendere［テンデレ］「傾向がある」→ tend**enza**［テンデンツァ］「傾向」

動詞に結びついて → 形容詞になるもの

`-abile / -ibile` ：「～することができる」

[アクセントは後ろから三番目の -a- / -i-]

amare［アマーレ］「愛する」→ am**abile**［アマービレ］「愛すべき」/ cantare［カンターレ］「歌う」→ cant**abile**［カンタービレ］「歌うことのできる」

`-evole` ：「～しやすい」　　　[アクセントは後ろから三番目の -e- です]

lodare［ロダーレ］「ほめる」→ lod**evole**［ロデーヴォレ］「賞賛すべき」/ piacere［ピィアチェーレ］「気に入る」→ piac**evole**［ピィアチェーヴォレ］「愉快な」

形容詞に結びついて → 名詞になるもの

`-ismo` ：「～主義」

ateo［アーテオ］「無神論の」→ ate**ismo**［アテイズモ］「無神論」/ materiale［マテリィアーレ］「物質の」→ material**ismo**［マテリィアリズモ］「物質主義」

`-ezza` ：抽象名詞

bello［ベッロ］「美しい」→ bell**ezza**［ベッレッツァ］「美」/ grande［グランデ］「大きい」→ grand**ezza**［グランデッツァ］「大きさ」

`-ità / -età / -tà` ：抽象名詞

libero［リーベロ］「自由な」→ liber**tà**［リベルタ］「自由」/ vario［ヴァーリィオ］「多様な」→ vari**età**［ヴァリィエタ］「多様性」

`-izia` ：抽象名詞　　　[アクセントは後から三番目の -i- です]

amico［アミーコ］「親しい」→ amic**izia**［アミチーツィア］「友情」/ giusto［ジュスト］「公平な」→ giust**izia**［ジュスティーツィア］「正義」

名詞に結びついて → 名詞になるもの

`-aio` ：「～（を専門とする）人」　　　[アクセントは -a- にあります]

giornale［ジョルナーレ］「新聞」→ giornal**aio**［ジョルナラーィオ］「新聞売り」/ orologio［オロロージョ］「時計」→ orologi**aio**［オロロジャーィオ］「時計屋」

語形成　117

-iere（-iera） :「〜（を専門とする）人」(「〜（を専門とする）女性」)
giardino[ジャルディーノ]「庭」→ giardiniere[ジャルディニィエーレ]（giardiniera[ジャルディニィエーラ]）「庭師」/ infermo[インフェールモ]「病人」→ infermiere[インフェルミィエーレ]（infermiera[インフェルミィエーラ]）「看護士」

-ista :「〜（する）人」
auto[アゥト]「自動車」→ autista[アゥティスタ]「運転手」/ bar[バール]「バール」→ barista[バリスタ]「バリスタ」

-ario :「〜の役割・装置（の）」　　　　［アクセントは -a- にあります］
ferrovia[フェッロヴィーア]「鉄道」→ ferroviario[フェッロヴィアーリィオ]「鉄道の」/ vocabolo[ヴォカーボロ]「語」→ vocabolario[ヴォカボラーリィオ]「辞典」

-eria :「〜店」　　　　　　　　　　　　［アクセントは -i- にあります］
birra[ビッラ]「ビール」→ birreria[ビッレリーア]「ビアホール」/ libro[リーブロ]「本」→ libreria[リブレリーア]「本屋」

名詞に結びついて → 形容詞になるもの

-ale :「〜の」
forma[フォールマ]「形」→ formale[フォルマーレ]「正式の」/ posta[ポスタ]「郵便」→ postale[ポスターレ]「郵便の」

-are :「〜の」
famiglia[ファミッリャ]「家族」→ famigliare[ファミッリャーレ]「家庭の」/ sole[ソーレ]「太陽」→ solare[ソラーレ]「太陽の」

-(t)ico :「〜の」　　　　　　　［アクセントは -(t)ico の前の母音にあります］
atomo[アートモ]「原子」→ atomico[アトーミコ]「原子の」/ programma[プログランマ]「計画」→ programmatico[プログランマーティコ]「計画の」

-ese :「〜の」（地理）
Milano[ミラーノ]「ミラノ」→ milanese[ミラネーセ]「ミラノの」/ Francia[フランチャ]「フランス」→ francese[フランチェーゼ]「フランスの」

-oso :「〜の多い」
studio[ストゥーディオ]「勉強」→ studioso[ストゥディオーソ]「勉強熱心な」/ paura[パウラ]「恐怖」→ pauroso[パウローソ]「恐がりの」

4. 接頭辞

今度は、gonna[ゴンナ]「スカート」を覚えたら、それに mini- をつけてついでに minigonna[ミニゴンナ]「ミニスカート」もイタダキ！ っといきたいですね。minigonna の mini- のように、すでにある単語の始めにつけるものを「**接頭辞**」って言います。

これもよく使うものを紹介しておきますので、気になったときは何度も振り返って確認してください。

- **anti- / ante-** :「前〜」
  camera[カーメラ]「部屋」 → **anti**camera[アンティカーメラ]「控え室」/ pasto[パスト]「食事」 → **anti**pasto[アンティパスト]「前菜」

- **anti-** :「反〜」
  cattolico[カットーリコ]「カトリックの」 → **anti**cattolico[アンティカットーリコ]「反カトリックの」/ fascismo[ファッシズモ]「ファシズム」 → **anti**fascismo[アンティファッシズモ]「反ファシズム」

- **con- / co- / com-** :結合・同伴
  portare[ポルターレ]「運ぶ」 → **com**portare[コンポルターレ]「もたらす」/ sentire[センティーレ]「感じる」 → **con**sentire[コンセンティーレ]「同意する」

- **contro- / contra-** :「反〜」
  dire[ディーレ]「言う」 → **contra**ddire[コントラッディーレ]「反論する」/ corrente[コッレンテ]「流れ」 → **contro**corrente[コントロコッレンテ]「逆流」

- **dis-** :分離・否定
  continuo[コンティーヌゥオ]「連続した」 → **dis**continuo[ディスコンティーヌゥオ]「途切れた」/ ordine[オールディネ]「秩序」 → **dis**ordine[ディゾーオルディネ]「無秩序」

- **in-** :否定
  certo[チェールト]「確かな」 → **in**certo[インチェールト]「不確かな」/ felice[フェリーチェ]「幸福な」 → **in**felice[インフェリーチェ]「不幸な」

- **inter-** :「間に」
  porre[ポッレ]「置く」 → **inter**porre[インテルポッレ]「間に置く」/ nazionale[ナツィオナーレ]「国家の」 → **inter**nazionale[インテルナツィオナーレ]「国際的な」

mini- :「小さい」

gonna[ゴンナ]「スカート」→ **mini**gonna[ミニゴンナ]「ミニスカート」/ bar[バール]「バール」→ **mini**bar[ミニバール]「小型冷蔵庫」

neo- :「新〜」

fascismo[ファッシズモ]「ファシズム」→ **neo**fascismo[ネオファッシズモ]「ネオファシズム」/ realismo[レアリズモ]「写実主義」→ **neo**realismo「新写実主義」

pre- :「前〜・先〜」

vedere[ヴェデーレ]「見る」→ **pre**vedere[プレヴェデーレ]「予見する」/ parare[パラーレ]「飾る」→ **pre**parare[プレパラーレ]「準備する」

ri- / re- :反復・強調

fare[ファーレ]「する」→ **ri**fare[リファーレ]「やり直す」/ azione[アツィオーネ]「行動」→ **re**azione[レアツィオーネ]「反応」

s- :分離

contento[コンテント]「満足した」→ **s**contento[スコンテント]「不満な」/ misurato[ミズラート]「一定の」→ **s**misurato[ズミズラート]「計りがたい」/ proporzione[プロポルツィオーネ]「釣り合い」→ **s**proporzione[スプロポルツィオーネ]「不釣り合い」

「たくさんあり過ぎ！」
って声が聞こえてきそうですが、イッペンに覚えることはありませんよ。ちょっとずつ、何かのついでに何度もチェックしてみてください。
　pasto が「食事」で anti- が「前〜」、だから「食事の前」で antipasto「前菜」。こんなカンジでね。
「アレッ？　でも antipasto も食事の一部じゃないの??」
……

やってみよう！

ヒントを参考にして、次の単語の意味を考えてみましょう。

a) pescatore　　　　　ヒント：pescare「魚を釣る」
b) pizzeria　　　　　　ヒント：pizza「ピッツァ」
c) portafoglio　　　　ヒント：portare「運ぶ」、foglio「紙幣」
d) silenzioso　　　　　ヒント：silenzio「沈黙」
e) operetta　　　　　　ヒント：opera「オペラ」

（よいしょー！　後半ラウンド、しまっていこー！　答えは p. 142 ☞）

26 所有形容詞

「これはそれほど『甘〜く』ない」

英語で「僕の本」は、⟨my book⟩。英語を習いたての頃、冠詞ってものを勉強したモンだから、「僕の本は一冊」なので、⟨a my book⟩ なんて言ったりすると、先生に『⟨a my⟩ は甘〜い』なんて言われて注意されました。英語では、⟨a⟩ っていう冠詞と ⟨my⟩ っていう所有形容詞は、同時に並べることのできないものなんですね。

でも、イタリア語は違います。冠詞と所有形容詞は別物ですから、並べて使うことができるんです。

1. 所有形容詞

名詞や代名詞との所有関係を示す形容詞のことを**所有形容詞**と言います。まずは、基本的なカタチの確認をして頂くために、英語と並べて一覧にしてみました。

	イタリア語 単数	イタリア語 複数	英語 単数	英語 複数
一人称	mio[ミーオ]	nostro[ノストロ]	my	our
二人称	tuo[トゥーオ]	vostro[ヴォストロ]	your	your
三人称	suo[スーオ]	loro[ローロ]	his / her	their

所有形容詞も形容詞っていうくらいですから、修飾する名詞の性と数に一致しなければなりません…ってことは、そう、イロイロなカタチがあるってことですね。上の表にあるのは男性単数のカタチです。

他のもお見せしましょう。

	男性単数	女性単数	男性複数	女性複数
一人称単数	mio[ミーオ]	mia[ミーア]	miei[ミィエィ]	mie[ミーエ]
二人称単数	tuo[トゥーオ]	tua[トゥーア]	tuoi[トゥオィ]	tue[トゥーエ]
三人称単数	suo[スーオ]	sua[スーア]	suoi[スゥオィ]	sue[スーエ]
一人称複数	nostro[ノストロ]	nostra[ノストラ]	nostri[ノストリ]	nostre[ノストレ]
二人称複数	vostro[ヴォストロ]	vostra[ヴォストラ]	vostri[ヴォストリ]	vostre[ヴォストレ]
三人称複数		loro[ローロ]		

　カタチがイロイロあると言っても、基本的には形容詞の変化のパターンと同じです。nostro「私たちの」と vostro「君たちの」なんかは、まさに男性単数が -o で終わる形容詞の変化とイッショでしょ。mio「私の」/ tuo「君の」/ suo「彼(女)の」も、だいたいは -o で終わる形容詞と同じなんですが、男性複数のときだけ miei / tuoi / suoi となることに注意しましょう。それと、三人称複数の loro「彼(女)らの」は、かなり**ガンコもの**です。修飾する名詞の性・数なんかでカタチを変えるような**ヤワな性質**は持ち合わせておりません。

　二人称敬称「あなた(たち)の」は、suo と loro を大文字にして Suo「あなたの」/ Loro「あなた方の」とします。

　所有形容詞は、修飾する名詞の性と数に一致するのであって、所有者自身の性に一致するのではありません。「彼の車」というときは、「彼」が男だからといって男性形 suo を使ってはいけませんよ。修飾される macchina「車」が女性名詞ですからこれに一致して

　　la sua macchina[ラ スーア マッキナ]

です。

2. 『甘〜い』のです

　英語と違ってイタリア語の所有形容詞は、基本的に〈冠詞 ＋ 所有形容詞 ＋ 名詞〉という順序で現れて、冠詞をつけるのがふつうです。「私の本」というときは、英語では〈*my book*〉で OK ですが、イタリア語では

　　il mio libro[イル ミーオ リーブロ]

というように、冠詞をつけるのを忘れないでくださいね！　…っと、ここまでがいつものパターンですが、基本的なお話しです。

　「ヒョットして？」

　そう！　とても身近な家族を言うときなんかは冠詞がいらないんです。

「『身近な家族』なんて言われても、人によって違うでしょ！」

…分かりました。

 padre[パードレ]「父」/ madre[マードレ]「母」/ figlio[フィッリョ]「息子」/ figlia[フィッリャ]「娘」/ marito[マリート]「夫」/ moglie[モッリェ]「妻」fratello[フラテッロ] / sorella[ソレッラ]

これが「身近な家族」です。このときには、

 suo padre「**君のお父さん**」/ mia moglie「**私の妻**」

っていうように、冠詞を省いて使います。

でも、ちょっと離れた家族、

 nonno[ノンノ]「祖父」/ nonna[ノンナ]「祖母」/ suocero[スゥオーチェロ]「舅」/ suocera[スゥオーチェラ]「姑」/ cognato[コニャート]「義兄」/ cognata[コニャータ]「義姉」

なんかだと、冠詞がつくときもあります（la mia nonna / mia nonna「**私の祖母**」）。

さらに、「身近な家族」でも親族名称が複数形のときや、所有形容詞が loro のときは、必ず冠詞が必要です。

 i miei fratelli「**私の兄弟**」/ il loro padre「**彼らの父**」

3. 名詞のあとにくる所有形容詞

 所有形容詞は、ときに名詞のあとに現れることがあります。こんなときの所有形容詞は、前に置く場合よりも強調的なニュアンスとなります。たとえば、

 la casa tua

は、「（他の人のではなく）君の家」という意味合いが感じられます。これは、品質形容詞が名詞のあとにくるとき、

 【どれかということを決めつける働き】（限定）

になるのとイッショです（第14章）。

 他にも、次のような場合にも所有形容詞が名詞のあとに現れます。こんときには、冠詞はいりません。

> 感嘆や呼びかけの表現
> Amore mio![アモーレ ミーオ]「**私の愛する人よ**」/ Mamma mia![マンマ ミーア]「**おやまあ**」/ patria nostra[パトリィア ノストラ]「**我が祖国**」
>
> 特別な表現
> a casa mia[ア カーサ ミーア]「**思うに**」/ per colpa tua[ペル コルパ トゥーア]「**君のせいで**」/ da parte mia[ダ パールテ ミーア]「**私から**」/ i fatti miei[イ ファッティ ミィエィ]「**私のこと**」

124 所有形容詞

4. 所有代名詞

　所有形容詞に定冠詞がつくと、「所有する人」や「所有されるもの」といったことを意味する**所有代名詞**となります。定冠詞がつくだけで、カタチは所有形容詞とイッショです（だからヨミガナはいらないよね）。

	男性単数	女性単数	男性複数	女性複数
一人称単数	il mio	la mia	i miei	le mie
二人称単数	il tuo	la tua	i tuoi	le tue
三人称単数	il suo	la sua	i suoi	le sue
一人称複数	il nostro	la nostra	i nostri	le nostre
二人称複数	il vostro	la vostra	i vostri	le vostre
三人称複数	il loro	la loro	i loro	le loro

たとえば、
　チ ソーノ レ ノストレ ボルセ スッラ ターヴォラ
　Ci sono le nostre borse sulla tavola.「テーブルの上に私たちのかばんがある」
とき、私のが黒くって、お友達のが赤だったら、
　ラ ミーア エ ネーラ エ ラ トゥーア エ ロッサ
　La mia è nera e **la tua** è rossa.「私のが黒で、君のが赤だ」
となります。

　essere のあとに所有代名詞がくるとき、つまり所有代名詞が補語となるときは、
　クゥエスタ ボルサ エ ミーア
　Questa borsa è **mia**.「このかばんは**私のもの**です」
のように、定冠詞が省略される場合があります。

　二人称敬称の形は、所有形容詞と同じく suo と loro を大文字にして il **Suo**「あなたのもの」/ il **Loro**「あなた方のもの」とします。

　ちょっとローカルな話ですが、大阪に天王寺というところがあります。平成7年にJR 天王寺駅の上にターミナルビルが完成し、"ミオ"という名称がつきました。これを聞いた私は、当時の同僚の国文学の先生に、
　「あの"ミオ"っていうのは、イタリア語で、**MIO**「私の」っていう意味なんですよ。知らなかったでしょ」

所有形容詞　125

って自慢げに教えてあげました。ところが、そのお方は、
「えー！違うでしょ、あれは「みおつくし」の「みお」でしょ！ さすが、大阪だな～」
っていう返答。
「（独白）そりゃあ、百人一首の『難波江の　芦のかりねの　ひとよゆゑ　みをつくしてや　恋ひわたるべき』は、現在の大阪市のことを歌った恋の歌だよ。でもね～、そんなメンドーなところからビル名が採用されるもんか！　第一オシャレじゃないでしょ！」
　その後、この「国文・伊語」論争は、"天王寺ミオ"のホームページで解決しました。
「イタリア語で「私の」という意味の代名詞。親しみやすさ、覚えやすさ、女性らしさと、生活者にやさしい、これからの商業施設をシンボリックに表現したものです。「ミオ」はまた大阪市市章の「みおつくし（澪標）」の「みお」でもあります」（天王寺ミオ・ホームページより）
　…どちらかというと、**私の勝ち**ですよね！

やってみよう！

次の文を例にならって所有形容詞で言い換えてみましょう。
例　Noi abbiamo un professore gentile.　→　Il nostro professore è gentile.
a) Hai una camicia bianca.　→
b) Anna ha i capelli lunghi.　→
c) I ragazzi hanno una casa in periferia.　→
d) Ho un lavoro interessante.　→
e) Avete i amici italiani.　→

（答え、それは p. 143 !　☞）

27 andare と venire

「行くのか来るのか」

イタリアの駅名って、なかなかオシャレなんですよ。有名どころは、映画『終着駅』でも知られるローマの Stazione di Termini[スタツィオーネ ディ テールミニ]「テルミニ駅」です（Termini というのは「終点」という意味です）。映画『ひまわり』でみんなが涙するラストシーンは、ミラノの Stazione Centrale[チェントラーレ]「中央駅」（ミラノにはなんと他に 7 つも駅があります）。他にもフィレンツェの Stazione Centrale Santa Maria Novella「サンタ・マリア・ノヴェッラ中央駅」やヴェネツィアの Stazione Santa Lucia「サンタ・ルチア駅」なんかもあります。

「ゼッタイ、行ってみたいわ！」

それじゃあ、「行く」っていう動詞も知っておかないとね。

1. andare と venire

andare[アンダーレ]も venire[ヴェニーレ]も、とてもよく使う動詞です。ってことは…そうです！　不規則変化動詞となっております。

	andare		venire	
	単数	複数	単数	複数
一人称	vado[ヴァード]	andiamo[アンディアーモ]	vengo[ヴェンゴ]	veniamo[ヴェニィアーモ]
二人称	vai[ヴァイ]	andate[アンダーテ]	vieni[ヴィエーニ]	venite[ヴェニーテ]
三人称	va[ヴァ]	vanno[ヴァンノ]	viene[ヴィエーネ]	vengono[ヴェンゴノ]

andare と venire のあとに、〈a ＋ 不定詞〉が続くと、それぞれ「～しに行く」・「～しに来る（行く）」という意味になります。

Vado a giocare.「私は遊びに行く」
[ヴァード ア ジョカーレ]

Vengo a giocare.「私は遊びに行く」
[ヴェンゴ ア ジョカーレ]

andare と venire　　127

2. andare も venire も「行く」？

　Vado a giocare.「私は遊びに行く」と **Vengo** a giocare.「私は遊びに行く」。どちらも「行く」となっていますね。これは、イタリア語の andare / venire と日本語の「行く」/「来る」とに、少しズレがあるためです。

　日本語の「行く」っていうのは、「『行く』人が単に場所を移動すること」を意味します。だから、「話し手」がどこかへ（海でも山でも相手のところでも）移動するときには「行く」って言うんですね。

　これに対して、イタリア語の andare は「"andare" する人が相手から離れる」とき、そして venire は「"venire" する人が相手へ近づく」ときに使います。和歌山に住んでいる"はるか"ちゃんがフィレンツェにいる Anna に

　「今日学校に行くのよ」

って電話するときは andare ですが、

　「来週 Anna の家へ行くよ」

というときには、相手に近寄っていくのですから venire を使います。

◇ **a n d a r e :「行く」（相手から離れる）**
◇ **v e n i r e :「来る（行く）」（相手へ近づく）**

3. 〈andare ＋ 場所〉

　andare を使って「"あるところ"へ行く」と言いたいとき、「"あるところ"」の冠詞はどうするのか？と「〜へ」にはどんな前置詞を使うのか？というのはケッコウ難しい問題なの

です。ダイナミックに言えば、このようなときの前置詞や定冠詞の有無には、キッチリとした規則があるわけではない、っていうことになります。イタリア語ではこのような表現を慣用的（初めから決まっている）に用いているのです。

次にその例をあげておきましたので、気になったときには確認してくださいね。

andare a ：casa[カーサ]「家」/ cena[チェーナ]「夕食」/ letto[レット]「寝る」/ pranzo[プランゾォ]「昼食」/ scuola[スクゥオーラ]「学校」/ teatro[テアートロ]「芝居」

andare a ＋ 定冠詞 ：alla banca[アッラ バンカ]「銀行」/ al bar[アル バール]「バール」/ al centro[アル チェントロ]「繁華街」/ al cinema[アル チーネマ]「映画」/ al concerto[アル コンチェルト]「コンサート」/ al lago[アル ラーゴ]「湖」/ al mare[アル マーレ]「海」/ al museo[アル ムゼーオ]「博物館」/ all'ospedale[アッロスペダーレ]「病院」/ alla posta[アッラ ポスタ]「郵便局」/ al ristorante[アル リストランテ]「レストラン」/ all'università[アッルニヴェルスィタ]「大学」

andare in ：banca[バンカ]「銀行」/ camera[カーメラ]「部屋」/ campagna[カンパーニャ]「田舎」/ chiesa[キィエーザ]「教会」/ città[チッタ]「町」/ montagna[モンターニャ]「山」/ ufficio[ウッフィーチョ]「会社」

andare da ＋ 人 ：andare da Anna「アンナの家に行く」

andare da ＋ 定冠詞 ：dal medico[ダル メーディコ]「医者」/ dal professore[ダル プロフェッソーレ]「先生の家」

4. 乗り物

どこかへ行くときには、乗り物に乗ったりもしますよね。この「何かの乗り物を使って」と言うときの前置詞には、in や con を使ったりします。in を使った場合は in macchina[イン マッキナ]「車で」のように冠詞をつけないで言いますが、con のときは con la macchina[コン ラ マッキナ]「車で」のように定冠詞が必要となります。この他、手段として体を使うときや、動物を乗り物として用いるときには、a という前置詞を使います。

in ＋ 乗り物

in aereo[アエーレオ]「飛行機で」/ in auto[アゥト]「車で」/ in autobus[アゥトブス]「バスで」/ in bicicletta[ビチクレッタ]「自転車で」/ in macchina[マッキナ]「車で」/

andare と venire　129

in moto［モート］「バイクで」/ in motocicletta［モトチクレッタ］「バイクで」/ in taxi［タクシ］「タクシーで」/ in treno［トレーノ］「電車で」

con ＋ 定冠詞 ＋ 乗り物・動物

con l'aereo［ラエーレオ］「飛行機で」/ con il cammello［カンメッロ］「ラクダで」/ con la macchina［マッキナ］「車で」/ con la nave［ナーヴェ］「船で」/ con il treno［トレーノ］「電車で」

a ＋ 徒・動物

a piedi［ピィエーディ］「歩いて」/ a cavallo［カヴァッロ］「馬で」/ a nuoto［ヌゥオート］「泳いで」

Come va?
　コーメ ヴァ

覚えてますよね？ 敬称にも親称にも使える「ご機嫌いかが？」という挨拶の表現です。この va は、andare の三人称単数のカタチだったんですね。

でも、va を使う表現としては、

　Va bene!［ヴァ ベーネ］

というのも良く耳にします。「わかった」・「承知した」・「がってんでぇ～い」っていう意味ですけど、万国共通のコトバで言うと "OK!" になります。もちろん、イタリアでも OK は使いますが、やはりイタリア流に Va bene! と言う方がしっくりきますね。Va bene?

やってみよう！

次の質問に答えてみましょう。
a) Dove vai?（cinema）
b) Dove andate?（chiesa）
c) Dove va Haruka?（medico）

　　（人称に注意！ 143 ページへ Go！）

130　andare と venire

28 語順

「後になるほど　大事なのです」

文の中で大事なものを目立たせるには、どうすれば良いと思います？　文書だと**こんなふうにフォントを大きく**したり、**こうやってゴシック体で赤色**にするとかなりその部分が目立ちますよね。じゃあ、会話だったら？　しつこいくらいに何度も何度も何度も繰り返す！　これも一つの方法ですよね。

1. どこが目立つの？

　文の中で目立たせたいところ、それはつまり、新しくて大事な情報だ、ってことです。それじゃあ、「新しくて大事な情報」っていうのは、文の中のどの位置に現れると思います？

　まずは、日本語で考えてみましょう。
「はるか」さんが「バス停」で「先生」と「出会う」という状況を文にすると、
　①「はるかは　バス停で　先生と　出会う」
となります。でも、
　②「はるかは　先生と　バス停で　出会う」
とも言えますよね。日本語は動詞である「出会う」を最後に置きさえすれば、「はるかは」・「バス停で」・「先生と」の入れ替えはすべて可能です。数学的に言うと、順列（三つのものを順序づけて並べる）の計算で、6通りの並び方ができることになります（少し違和感を感じる並びもあるのですが…）。

　それでは、どの順序になってもすべて同じ意味になるのでしょうか？　①と②を例にして考えてみましょう。
　①も②も「はるか」さんが「バス停」で「先生」と「出会う」という状況は同じです。が、このあとにどんな話しが続いていくかを想像してみて下さい。たとえば、
　③「その先生は言語学の教授で帰宅するためにそこにいたのでした」
という文があとに続くときは、②より①の方がおさまりが良いと思いませんか？

2. 後ろになるほど大事！

これは、
【文の中で新しく大事な情報はできるだけ文末におく】
というルールが働いているためなのです。昔話の出だしなんかは、その典型的なものです。
「昔々あるところにおじいさんとおばあさんがいました」
ここで大事な情報は、「おじいさんとおばあさんがいた」っていうことでしょ。だから読み手は次に
「おじいさんは…」
とその注目の集まった「おじいさん」（もしくは「おばあさん」）のお話しを期待するのです（「あるところというのは、和歌山の片田舎で…」なんてものが続くとヘンでしょ）。

　ちょっと横道にそれました。話しをもとに戻して、① では「先生と」が最後にきていますね。だから、この「先生」がこの文で、新しく大切な情報となっています。ので、次に続く文は、「先生」の話題が期待されます。だから、① → ③はとてもナチュラルな会話になるっていうワケです。
　② は、「バス停で」という場所が最後にきていますね。だから、次に「その先生は…」なんて言われると、「バス停」の話しだと思っていたのに裏切られた、ってカンジになっちゃいます。文章の流れとして少しぎこちなくなってしまうのです。

⇒ 文の中で新しく大事な情報はできるだけ文末におく

　【新しく大事な情報はできるだけ文末に】というルールは、日本語に限らず、ほとんどの言語に当てはまるちょっとおもしろい現象なのです。語順がガチガチに固定している英語でさえもそうなのですよ。
　〈*I gave him the book.*〉「私は彼に本をあげた」
　〈*I gave the book to him.*〉「私は本を彼にあげた」
をくらべてみてください。もうお分かりですね！　初めの方は〈*the book*〉、あとの方は〈*him*〉に焦点が当たっているのですね。

3. イタリア語は？

　イタリア語もイッショです。というか、このルールが英語なんかよりもっと幅広く適用できます。
　さっきの ① は、

インコントロ アッラ フェルマータ デッラウトブス ウン プロフェッソーレ
Incontro alla fermata dell'autobus un professore.

となりますし（英語でこの語順はちょっとムリがありますね）、② だと

Incontro un professore alla fermata dell'autobus.

という語順の方がピッタリきます。

『チェッとある』(第22章)もそうだったでしょ。

ネッラ ボルサ チェ ウン リーブロ
Nella borsa c'è un libro.「バックの中には本がある」

情報として旧い Nella borsa「バックにはね…」とまず言って、c'è un libro「本があるんだよ」って新しい情報を言ってますね。

「イタリア語って、ワリと語順が自由なのね」

そうなんです。でもこの自由を謳歌するためには、【新しく大事な情報はできるだけ文末に】っていうルールと動詞の活用のカタチをシッカリ理解してくださいね。

靴（scarpe[スカールペ]）を買おうと思っていた"はるか"さんが、Anna からフェラガモ（Salvatore Ferragamo）がいいよ！ って教えてもらいました。さらに、耳寄りな情報！

プロプリオ ド マーニ コミンチャノ イ サルディ
Proprio domani cominciano i saldi!「明日からバーゲンだってよ！」

さて、この文の主語は？

「動詞は cominciano。ふつうだとその前に主語がくるわよね。でも、proprio domani は主語になれないわね。ん！ cominciano は cominciare の三人称複数のカタチ。ってことは、省略された Salvatore Ferragamo が主語ってことはないわね。だって単数なんだもん。そうすると、i saldi が主語？」

ピーンポーン！ ほら、動詞のカタチが大切だったでしょ。

少しイタリア語が読めるようになると、語順に悩むことがあるかも知れません。そんなときは是非【新しく大事な情報はできるだけ文末に】というルールを思い出してみてください。

この本も読み進めていってもらえば、「後になるほど大事！」ということが分かるかも！！

やってみよう！

次のイタリア語の意味を考えてみましょう。

a) **Anna: Chi è?**
   Haruka: Sono io.
b) **Haruka: C'è un treno per Milano?**
   Impiegato: Sì, un attimo. Per Milano c'è un treno di mattina.

（ズバリ！ 143 ページへ☞）

29 不規則変化動詞

これくらい知っておけば **安心**

英語では助動詞と呼ばれる〈can〉「～できる」・〈must〉「～しなければならない」の形が主語によって変わるなんてことはありませんね。でも、イタリア語の potere「～できる」・dovere「～しなければならない」は、ふつうの動詞と同じように活用変化をします。なおかつ、**不規則**に…

1. potere と sapere

「～できる」っていう意味のイタリア語動詞は、なんと言っても potere[ポテーレ]です。早速、活用変化の確認から。

	単数	複数
一人称	posso[ポッソ]	possiamo[ポッスィアーモ]
二人称	puoi[プゥオイ]	potete[ポテーテ]
三人称	può[プオ]	possono[ポッソノ]

この potere は、次に不定詞をともなって
Possiamo *arrivare* alle sei.「私たちは６時に到着**できます**」
のように使います。

◇ **potere＋不定詞：「～することができる」**

でも、「マリオはテニスを上手にできる」なんて言うときは、
Mario **sa** *giocare* bene a tennis.
というように、動詞 sapere[サペーレ]を使います。この sapere も不規則変化動詞なので、まずそのカタチを見ておきましょう。

134　不規則変化動詞

	単数	複数
一人称	**so**[ソ]	**sappiamo**[サッピィアーモ]
二人称	**sai**[サィ]	**sapete**[サペーテ]
三人称	**sa**[サ]	**sanno**[サンノ]

　sapere の基本的な意味は、「**経験（学習）を駆使して分かる**」ってことです。
　<ruby>Sai<rt>サィ</rt></ruby> la <ruby>lezione<rt>レツィオーネ</rt></ruby>?「君は授業が（la lezione）**学習を駆使して分かる**（sai）？」
　　　　　　→「君は授業が分かってる？」
っていうようなカンジです。

◇ **sapere**：「経験（学習）を駆使して分かる」

　potere と同じように、sapere のあとに不定詞が続くと、日本語の「〜できる」という意味になります。それが、
　Mario **sa** *giocare* bene a tennis.「マリオはテニスを上手に**できる**」
っていう文なんです。sapere の基本的な意味が「**経験を駆使して分かる**」だったでしょ。こうして分かった結果、「〜できる」のが sapere のイメージです。
　では、私たちがこのテキストでの厳しいおベンキョウの成果として「イタリア語を話すことができる」ようになったときは、potere と sapere のどちらがベターでしょうか？
　Sappiamo *parlare* italiano.
これがピッタリですね。

2. dovere

「〜しなければならない」は、dovere[ドヴェーレ]（英語の助動詞〈*must*〉）を使います。

	単数	複数
一人称	**devo**[デーヴォ]	**dobbiamo**[ドッビィアーモ]
二人称	**devi**[デーヴィ]	**dovete**[ドヴェーテ]
三人称	**deve**[デーヴェ]	**devono**[デーヴォノ]

　dovere も、次に不定詞をともないます。

不規則変化動詞　135

デーヴォ カンビィアーレ トレーノ ア ミラーノ
Devo *cambiare* treno a Milano.「ミラノで電車を乗り換えなきゃ」
なんてカンジです。

◇ **d o v e r e ＋不定詞：「～しなければならない」**

また、dovere の前に non をつけて否定にすると「～してはならない」（禁止）という意味になります。

ハルカ ノン デーヴェ フマーレ
Haruka non deve fumare.「はるかはタバコを吸ってはいけない」

3. まだあるよ、不規則変化動詞

これまでたくさん不規則動詞をおベンキョウしてきましたが、あともう少しだけ（ホンのちょっとです）、知っておいてもらいたいものがあります。

bere［ベーレ］「飲む」/ dare［ダーレ］「与える」/ dire［ディーレ］「言う」/ uscire［ウッシーレ］「出る」/ volere［ヴォレーレ］「欲する」/ produrre［プロドゥッレ］「生産する」。どれもよく使うものでしょ。

bere

	単数	複数
一人称	bevo［ベーヴォ］	beviamo［ベヴィアーモ］
二人称	bevi［ベーヴィ］	bevete［ベヴェーテ］
三人称	beve［ベーヴェ］	bevono［ベーヴォノ］

dare

	単数	複数
一人称	do［ド］	diamo［ディアーモ］
二人称	dai［ダイ］	date［ダーテ］
三人称	dà［ダ］	danno［ダンノ］

dire

	単数	複数
一人称	dico［ディーコ］	diciamo［ディチャーモ］
二人称	dici［ディーチ］	dite［ディーテ］
三人称	dice［ディーチェ］	dicono［ディーコノ］

uscire

	単数	複数
一人称	esco［エスコ］	usciamo［ウッシャーモ］
二人称	esci［エッシ］	uscite［ウッシーテ］
三人称	esce［エッシェ］	escono［エスコノ］

Buonasera!

	volere		produrre	
	単数	複数	単数	複数
一人称	voglio［ヴォッリョ］	vogliamo［ヴォッリャーモ］	produco［プロドゥーコ］	produciamo［プロドゥチャーモ］
二人称	vuoi［ヴゥオィ］	volete［ヴォレーテ］	produci［プロドゥーチ］	producete［プロドゥチェーテ］
三人称	vuole［ヴゥオーレ］	vogliono［ヴォッリョノ］	produce［プロドゥーチェ］	producono［プロドゥーコノ］

少し例文をあげておきましょう。

ベーヴォ ウーナ メディチーナ
Bevo una medicina.「私は薬を飲む」

ダィ ウノッキィアータ アィ バンビーニ
Dai un'occhiata ai bambini.「君は子供たちに目を配っている」

ケ コーサ ディーチェ イル プロフェッソーレ
Che cosa **dice** il professore?「先生は何とおっしゃってますか？」

ヴォィ ウッシーテ ディ カーサ
Voi **uscite** di casa.「君たちは家を出る」

ローロ ヴォッリョノ インパラーレ リタリィアーノ
Loro **vogliono** imparare l'italiano.「彼らはイタリア語を学びたがっている」

アンナ プロドゥーチェ ウン フィルム
Anna **produce** un film.「アンナは映画を作る」

● uscire「出る」の「〜から」という部分には、前置詞が必要です。一般的には、da を用います（uscire **dalla** porta［ポールタ］「門から出る」）。でも、慣用的表現では、〈di＋無冠詞〉の形が使われます（uscire **di** casa「家を出る」／ uscire **di** scuola［スクゥオーラ］「下校する」）。

● -durre で終わる con**durre**［コンドゥッレ］「導く」／ intro**durre**［イントロドゥッレ］「導入する」／ tra**durre**［トラドゥッレ］「翻訳する」なども、produrre と同じような活用変化となります。

-are / -ere / -ire という規則動詞は、すでにおベンキョウ済み。これだけは、っていう不規則動詞もここですべて出そろいました。これでイタリア語の動詞のほぼすべてが使えるようになったはずです！ …とりあえず現在形はネ！

やってみよう！

1) 例にならって次の許可を求めてみましょう。
   例）家に電話をする　　　　　→ Posso telefonare a casa?
   a) 日本語で話しをする　　　　→
   b) 家を出る　　　　　　　　　→
2) 次の文を「〜しなければならない」という文に変えてみましょう。
   a) **Abito** in una pensione del centro.　→
   b) **Tu canti** la canzone.　→
   c) **Anna lavora** bene.　→

（これでオーラス！　また会いましょう！　143ページ☞）

『やってみよう！』解答

第1章

まつうらあや → M（エンメ）A（ア）T（ティ）S（エッセ）U（ウ）U（ウ）R（エッレ）A（ア）A（ア）Y（イプスィロン）A（ア）

第2章

a) Anna（アンナ） b) Claudio（クラウディオ） c) Maria（マリーア） d) Francia（フランチャ）
e) Cina（チーナ） f) Spagna（スパーニャ） g) Firenze（フィレンツェ） h) Milano（ミラーノ）
i) Napoli（ナーポリ）

第3章

a) spaghetti（スパゲッティ） b) mare（マーレ） c) sole（ソーレ） d) sono（ソーノ）
e) gatto（ガット） f) acqua（アックゥア） g) Mario（マーリィオ） h) Venezia（ヴェネーツィア）
i) Paolo（パーオロ）

第4章

a) signore b) figlia c) studentessa
d) Francesca e) Maria f) professoressa

第5章

a) tu b) Lei

第6章

a) Buongiorno, signor Rossi.

b) Ciao, Anna.

c) Prego.

d) Piacere mio!

第7章

a) fiore / lezione / luna

b) libri / spaghetti / penne

c) caffè / film / serie

第8章

un　: amico / bar / libro

uno : zio

una : penna / signora / studentessa / casa

un' : aula

第9章

a) Noi parliamo di politica.

b) Maria e Paolo abitano a Firenze.

c) Lei ama Maria.

第10章

a) quarantotto

b) novantanove

c) trecentosessantacinque

d) cinquantatré

e) quindicimilatrecentoottantadue

f) diciotto

g) ottantuno   h) ottocentoottantotto
i) millenovecentonovantotto

第 11 章

a) il   b) il   c) lo   d) le   e) lo
f) il   g) l'   h) le   i) i

第 12 章

a) sono   b) sei   c) è   d) è   e) sono
f) siamo

第 13 章

a) Bene, grazie. E tu?
b) Buongiorno, professor Bianchi. Come sta?

第 14 章

a) un piccolo aereo
b) un ragazzo americano
c) un ragazzo giapponese

第 15 章

a) liberi / libera / libere
b) giapponesi / giapponese / giapponesi
c) italiani / italiana / italiane
d) stranieri / straniera / straniere
e) cinesi / cinese / cinesi

- f) russi / russa / russe
- g) francesi / francese / francesi
- h) inglesi / inglese / inglesi
- i) rotondi / rotonda / rotonde

第 16 章

- a) Questa è Anna.
- b) Maria è italiana.

第 17 章

- a) Come ⑤
- b) Chi ①
- c) dove ②
- d) Quando ③
- e) Quanto ④

第 18 章

- a) Io scrivo una lettera.
- b) Voi prendete l'autobus.
- c) Io apro la porta.
- d) Noi partiamo per Napoli.

第 19 章

- a) terzo
- b) diciottesimo
- c) prima
- d) settimo
- e) secondo
- f) decimo

第20章

a) Anna ha freddo.

b) Giovanni ha fretta.

c) Haruka e Claudio hanno fame.

第21章

a) in   b) a / con   c) di   d) a / per

第22章

a) Sul tavolo c'è una borsa.

b) Nella borsa ci sono libri.

c) Sulla sedia c'è un giornale.

第23章

a) Sone le tre e venticinque.

b) Sono le sette meno dieci. / Sono le sei e cinquanta.

第24章

a) Giorgio fa la doccia.

b) Fa bel tempo.

c) Haruka fa una domanda a Maria.

第25章

a 「漁師」   b) 「ピッツァ専門店」

c) 「財布」   d) 「無口の」   e) 「オペレッタ」

第26章

a) La tua camicia è bianca.

b) I suoi capelli sono lunghi.

c) La loro casa è in periferia.

d) Il mio lavoro è interessante.

e) I vostri amici sono italiani.

第27章

a) Vado al cinema.

b) Andiamo in chiesa.

c) Va dal medico.

第28章

a) アンナ:「だれ？」

　はるか:「私よ」

b) はるか:「ミラノ行きの列車はありますか？」

　事務員:「はい、ちょっとお待ちください。ミラノ行きは、午前中にございます」

第29章

1) a) Posso parlare in giapponese?

　b) Posso uscire di casa?

2) a) Devo abitare in una pensione del centro.

　b) Devi cantare la canzone.

　c) Anna deve lavorare bene.

著者略歴
上野貴史（うえの・たかふみ）
1966年生. 大阪府出身.
広島大学文学研究科博士課程修了.
大阪女子短期大学助教授.
イタリア語学・言語学専攻.

イタリア語　やさしく、あなたに…

2006年3月20日印刷
2006年4月10日発行

著　者© 上　野　貴　史
発行者　　川　村　雅　之
印刷所　　幸和印刷株式会社

101-0052東京都千代田区神田小川町3の24
発行所　電話 03-3291-7811（営業部）,7821（編集部）　株式会社　白水社
http://www.hakusuisha.co.jp
乱丁・落丁本は、送料小社負担にてお取り替えいたします。

振替 00190-5-33228　　　　Printed in Japan　　　加瀬製本

ISBN4-560-00391-2

Ⓡ〈日本複写権センター委託出版物〉
　本書の全部または一部を無断で複写複製（コピー）することは、著作
権法上での例外を除き、禁じられています。本書からの複写を希望され
る場合は、日本複写権センター（03-3401-2382）にご連絡ください。